美しい日本のむら

あなたも行ってみませんか

目次

JN271846

白樺まつり

北海道風連《ふうれん》町《ちょう》西町《にしまち》

毎年六月に望湖台自然公園《ぼうこだいしぜんこうえん》を舞台に開催される「白樺《しらかば》まつり」は、平成十四年で二十三回を数えます。回を重ねるごとに参加者が増え、今や町を代表する盛大なお祭りになっています。

平成三年のお祭りには、友好姉妹都市である東京都杉並区の東京高円寺阿波踊り一行の親善訪問団の参加があり、魅力ある踊りが紹介され大盛況となりました。

その影響を受けて、町民有志による「風連町風舞連《ふうれんちょうかざまいれん》」が結成され、町内外のイベントに阿波踊りを披露するなど積極的な活動を展開しており、今や地域の文化として根付いています。

■ ふるさとまつり

■ 風連ダム

広大な田園風景が広がり、その中を悠々と流れる天塩川。風連町には変化に富んだ自然が息づいています。

風連で一番高い東内大部山《となないだいぶやま》の裾野にある風連ダムの上流域には原生の自然がそのまま残されていて、とくに紅葉の季節にはすばらしい景観を見せてくれます。

また、市街地から南東へ、地元住民の手で植えられた三百本のエゾヤマザクラが美しい日進湖《にっしんこ》畔は、五月はもちろん、四季折々の草花のいろどりも見事で、町内外から多くの人々が訪れ、ゆったりと自然を楽しんでいます。

町の一大イベントといえばふるさとまつり。最大のみどころの風舞あんどんは、北国の短い夏をエネルギッシュに謳歌する風物詩で、威勢のよいお囃子、太鼓、踊りやパフォーマンスに老いも若きも熱狂します。

■ 日進湖畔

北海道風連町

忠烈布湖畔《ちゅうれっぷこ》の広大な敷地にあるふうれん望湖台からの湖の眺めは最高で、敷地のなかには豊かな自然環境をスポーツやキャンプを通して楽しめる各種の施設があります。また、季節の花々を楽しめる遊歩道やバードウォッチング、自然散策、森林浴など、ゆったりとした時間が過ごせます。フィールドアスレチックやトリムコース、テニス、パークゴルフなどで汗をかいた後は、センターハウスの薬草風呂でくつろぐこともでき、心身のリフレッシュに最高です。

忠烈布湖畔では3年に一度、ダムの水抜きをするのを機会に鯉のつかみどり「ふうれん望湖台鯉まつり」が開催されます。水面を見つめ、鯉が顔を出すのをじっと待つ人、全身泥だらけで夢中になって追いかける人、見ているだけでも面白いまつりです。

■ 鯉まつり

■ ふうれん望湖台自然公園

■ 壁画制作

市街地を通る水土里ネットてしおがわの農業用水施設のイメージアップを図るため、4基の工作物のコンクリート壁に「農業施設は巨匠たちの美術館ー風連の田園を彩るヨーロッパ絵画」と題して、ボランティアを募り、ピカソ、ミロなどの代表作の模写を行い、多くの人に楽しんでいただきました。

お問い合わせ　〒098-0507　北海道上川郡風連町西町196番地1　風連町役場　産業課林務係
TEL 01655-3-2511　FAX 01655-3-2510

水車のある風景

栃木県那須《なす》町《まち》成沢《なるさわ》

那須町は古来、奥州街道と旧東山道が縦貫し、宿場町として、また城下町として栄えてきました。町内には今も往時の面影を伝える集落が、また、源義経や松尾芭蕉など、歴史や文学にゆかりのある名所・旧跡も数多く残されています。

町では、この豊かな歴史的資源を保存し活かしていく一方で、農業生産活動をとおして日本の原風景としてのたたずまいを残すことに努めています。なかでも、この「水車のある風景」は、後世に残すべき景観として、多くの人々を魅了し続けています。

■ 御殿山（芦野城址）

■ 遊行柳（松尾芭蕉の句碑「田一枚植えて立ち去る柳かな」）

那須連山の主峰・茶臼岳《ちゃうすだけ》は昭和三十七年のロープウェイ完成で、誰でも登山ができるようになりました。南斜面に広がる那須高原は、標高差によって紅葉が見られる時期が異なるため、比較的長い期間にわたって紅葉狩りが楽しめます。とくにボルケーノハイウェイがお薦めポイントで、赤やオレンジ、黄といった鮮やかな色のコントラストが見事です。

また、芦野《あしの》の里では、四月になると全山桜に覆われる御殿山《ごてんやま》の景観は見事の一語に尽きます。城址には樹齢四百年以上の県の天然記念物高野槇《こうやまき》もあります。

漂泊の歌人として知られる西行ゆかりの遊行柳《ゆぎょうやなぎ》に心を寄せた芭蕉は遊行柳に立ち寄り、奥の細道に感慨を記しています。現在、那須温泉神社（上の宮）参道脇に左右に一本ずつ柳の木が育っていますが、玉垣に囲まれた方が「遊行柳」で、その傍らに芭蕉の句碑が、その向い側には、西行の歌碑と蕪村の句碑が立っています。

■ 茶臼岳（秋）

栃木県那須町

蓑沢《みのざわ》の「彼岸花の里」は彼岸花の群生地として知られ、季節ともなると真っ赤な花をつけ、花の赤色と周りの緑とのコントラストも美しく、秋の田園を彩ります。

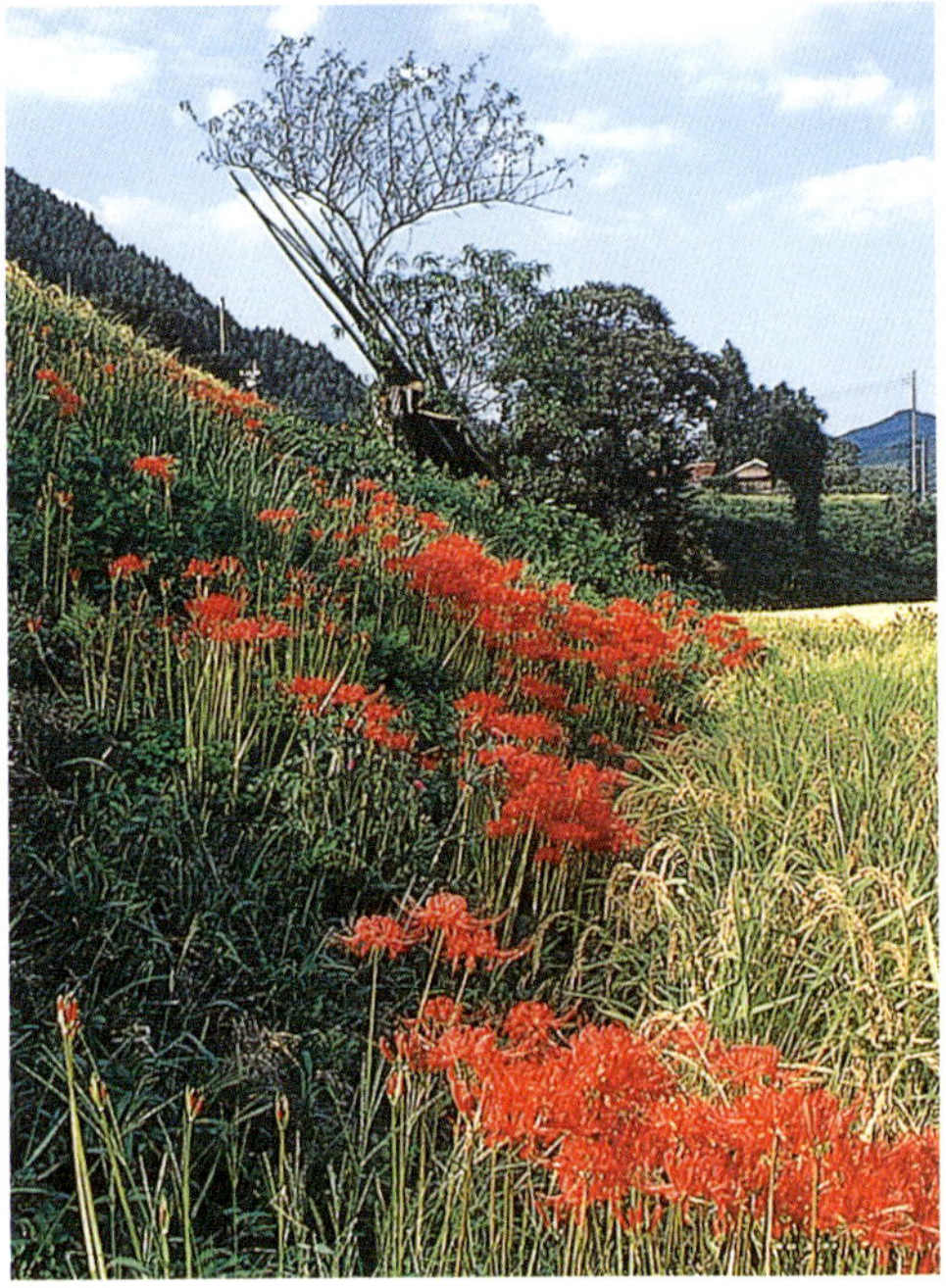

■ 彼岸花群生地（蓑沢）

那須与一宗崇《なすのよいちむねたか》が源平屋島《げんぺいやしま》の合戦で扇を射るときに祈願した神社といわれる那須温泉神社。この神社の境内で行われる夏の風物詩が朝市です。農家のお母さんが、その朝に収穫した野菜や果物を販売しています。手作りの味も、ぜひ食べてみたい逸品です。

■ 朝市

■ 伊王野みこし

伊王野《いおうの》みこしは伊王野温泉神社の「付け祭」で使われる「屋台」のことで、文化の日を本祭に、その前後が宵祭と裏祭になっており、この期間に、おはやしを乗せた屋台を町中引き回し、祭り気分を盛り上げています。高度な技術を要する祭ばやしは、祭の数ヶ月前から練習を始め、子供たちも大人に混じって技術の習得、伝承に励んでいます。現在、上町はやし保存会、下町祭保存会が保存にあたっています。

お問い合わせ　〒329-3292　栃木県那須郡那須町大字寺子丙3-13　那須町役場　農林振興課
TEL 0287-72-6911　FAX 0287-72-1009

藤《ふじ》原《わら》郷《ごう》雪《せっ》景《けい》

群馬県水上町《みなかみちょう》須田貝《すだがい》

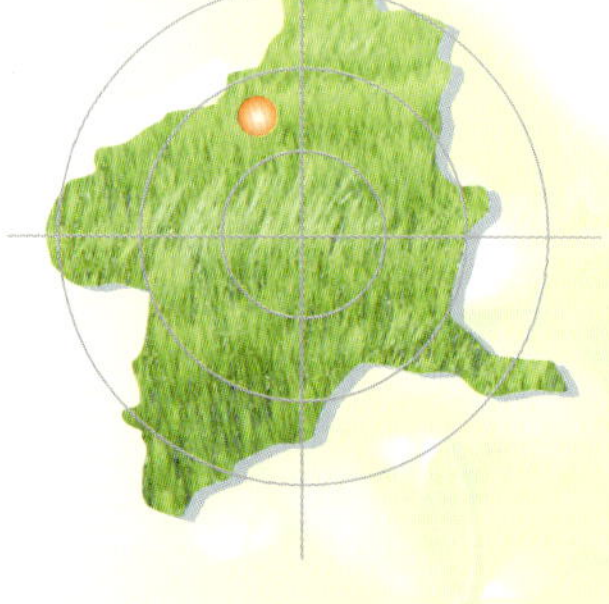

撮影：岸　美喜雄

わがゆくは山の窪なるひとつ路
冬日光りて氷たる路

若山牧水

群馬県の最北端、谷川連峰を境に新潟県と接する水上町は、若山牧水をはじめ与謝野晶子、北原白秋、太宰治など数多くの文人に愛され、歌碑をそこかしこで目にすることができます。

この町の北部に位置する山間の小さな集落は雪が多く、一年のうち五ヶ月間は雪に閉ざされます。百年にわたって強風を凌いできた家々には、雪に負けない力強い風格が備わっています。

この鄙《ひな》びた雪景色は日本人の原風景を留めていて、どこか懐かしい感情を呼び起こしてくれます。

■ 田植え風景　撮影：大坪　義一

■ 森林探索

水上町には、体験できる森として三つの森（フィールド）があり、それぞれ違った顔を持っています。奥利根水源の森は、人間の手が加わっているものの原生林の姿を残すブナの天然森で、八つの散策コースがありたくましく生きる森の息吹を体感できます。

水源の森はかつて炭焼きが行われ人々が生計を立てていた森で、その後、カラマツ・スギなどを植林し、二次林として今に至っています。

青水《せいすい》の森の半分は茅原が広がり、かつて茅葺《かやぶき》屋根のための入会地であった森でした。今では屋根を葺き替える人も無く使われなくなった茅がそのまま残されていますが、森を流れる沢は今でも田畑を潤し、村人の生活用水になっています。また、茅原に隣接して、ミズナラ林に姿を変えようとしている美しい落葉広葉樹林の森が展開しています。

■ 谷川連峰の雪景色

群馬県水上町

■ 照葉峡の秋　　撮影：林　好一

利根川は上信越高原国立公園の大水上山《おおみなかみやま》に源を発し、水上町の中央を縦に流れ太平洋に注ぐ、我が国有数の大河川です。その流域には永年の侵食によって出来た渓谷や滝があり、水上温泉街の南には諏訪峡、湯の小屋温泉、北には関東の奥入瀬と称される照葉峡があり、赤、黄と色づく紅葉が織りなす渓谷美を堪能することができます。また照葉峡には翡翠《ひすい》の滝、鼓《つづみ》の滝、木霊《こだま》の滝など11の美しい名前の滝が点在しますが、これは俳人の水原秋桜子《みずはらしゅうおうし》によって名付けられたものです。

■ 大幽の早春の氷柱

撮影：林　親男

武尊山《ほたかやま》の噴火の名残として溶岩でできた洞穴の大幽《おおゆう》は、また神獣ヤツカハギが住んだとされる洞穴ですが、冬ともなると大幽と呼ばれる神秘的な氷柱の輝きを見ることができます。

■ 雨呼山《あまよびやま》からの藤原郷田園風景　　撮影：林　好一

お問い合わせ　〒379-1692　群馬県利根郡水上町湯原64　水上町役場　建設農林課
TEL 0278-72-2111　FAX 0278-72-4610

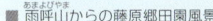

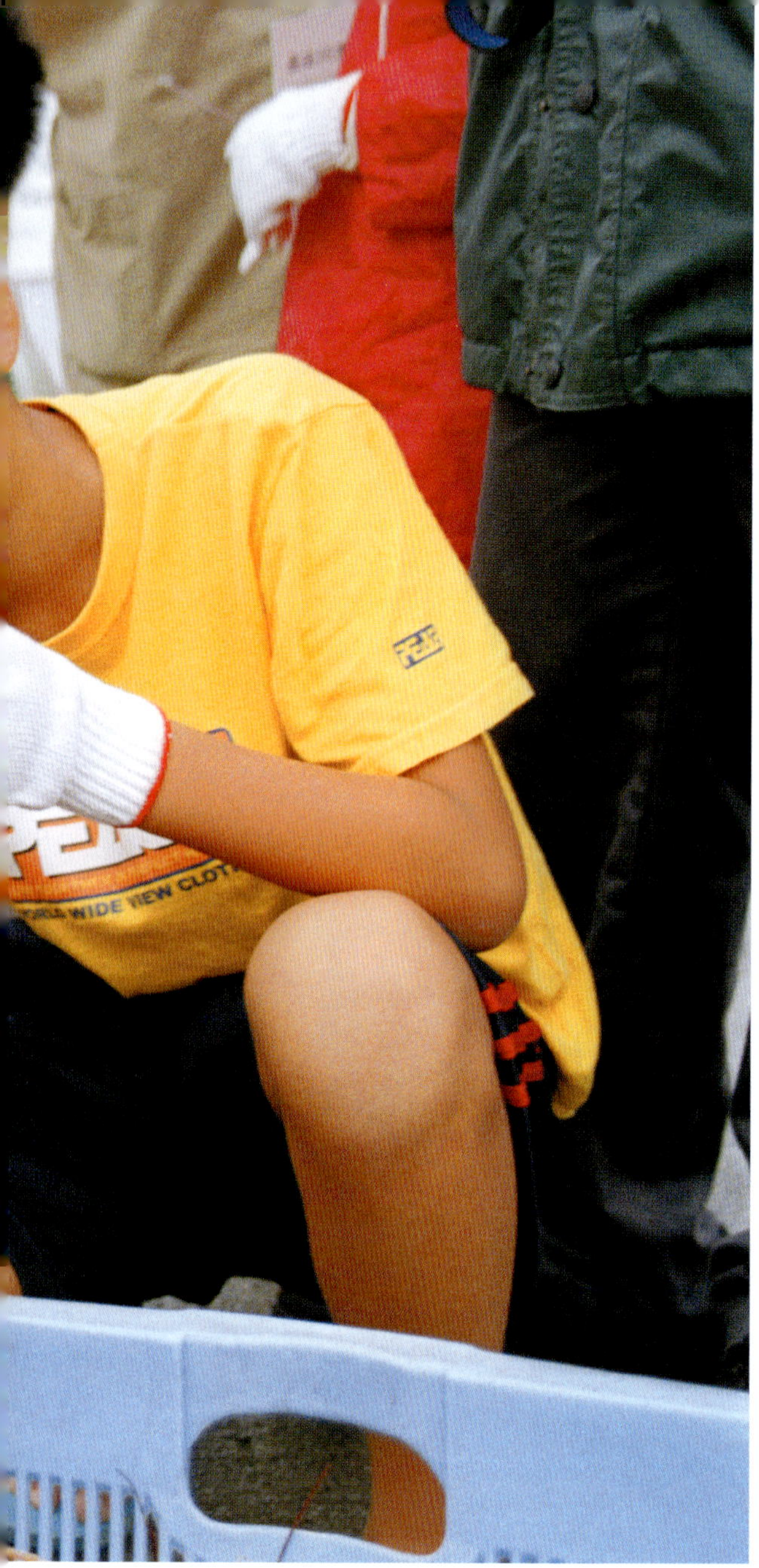

初体験！イセエビ漁

千葉県勝浦《かつうら》市《し》新官《しんかん》

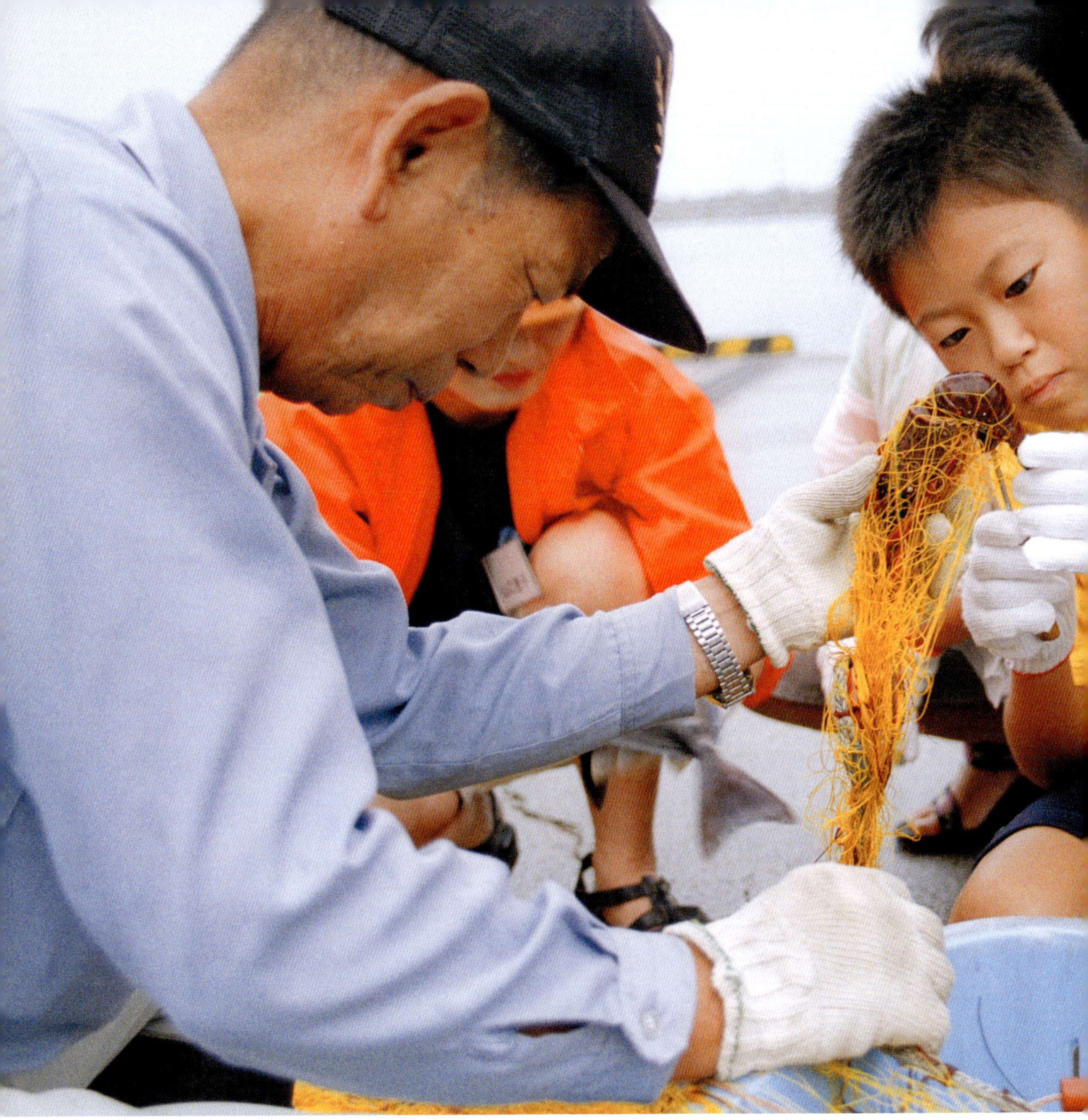

平成十三年の千葉県のイセエビ漁獲量は四百トンと過去最高を記録し、国内の主生産地として六年連続日本一を保っています。県内の夷隅《いすみ》、安房《あわ》東地域において特に盛んで、県内漁獲量の約九十パーセントを占めています。平成十二年三月には勝浦市地先で、体長三十八センチ、二・一五キロという日本一大きなイセエビが漁獲され話題になりました。

この写真はイセエビ漁の体験コーナーの一コマで、真剣なまなざしの小学生と漁業者との心の交流が伝わってくるようです。

■ 朝市

■ 官軍塚

勝浦市は、海と緑の自然に恵まれ、古くから漁業と農業のまちとして栄えてきました。海岸線は、リアス式海岸が織りなす変化に富んだ景観に恵まれています。

守谷海岸もそのひとつで、「日本の渚百選」に選ばれています。また、環境省が選ぶ「日本の水浴場八十八選」にも選定された白砂のビーチは、房総でも指折りの透明度を誇り、エメラルドグリーンに輝いています

また、太平洋の眺望がすばらしい川津海岸の高台には官軍塚があります。戊辰戦争の折、五稜郭攻撃に向かう途中で難破し犠牲となった二百余人を埋葬供養したもの、中村汀女《ていじょ》や斎藤茂吉の碑があり、また初夏には紫陽花《あじさい》が咲きそろいます。

日本三大朝市のひとつ勝浦の朝市は、朝六時頃から露店がでます。魚介類や干物、野菜や果物など品数も多く、そのうえ生産者の顔が見えるとあって、わざわざ遠くから買いにくる人もいます。にぎわいとふれあいに満ちた勝浦の朝です。

■ 守谷海岸

千葉県勝浦市

勝浦港は全国屈指のカツオ水揚げ高を誇っており、特に初カツオ一本釣りの水揚げでは日本一です。さわやかな初夏の海風が吹き抜ける勝浦港カツオまつりの会場には、カツオをはじめ新鮮な魚介類を味わおうと、市内外から多くの人が訪れます。

■ カツオまつり

毎年2月下旬から3月上旬頃、勝浦市民会館をメイン会場として、市内各所に12,000体のひな人形が飾られ、勝浦ビッグひなまつりが華やかに開かれています。メイン会場の市民会館には、特設のひな壇に約7,000体のひな人形と、ぼんぼりや花の飾りが設置され、見る人の目を癒してくれます。

■ ビッグひなまつり

■ 杉戸地区の水田

勝浦市は漁業ばかりではなく、農業でも山間部を中心に水稲や花き、キウイフルーツ栽培などのほか、酪農も盛んです。また、自然と調和した農村環境づくりを目指し、ほ場整備など農業経営の合理化と効率化に努めています。

お問い合わせ

〒299-5292　千葉県勝浦市新官1343番地1　勝浦市役所　農林水産課
TEL 0470-73-1211　FAX 0470-73-8788

冬の凪《なぎ》
~さざえ漁に向かうたらい舟

新潟県小《お》木《ぎ》町《まち》白《しら》木《き》

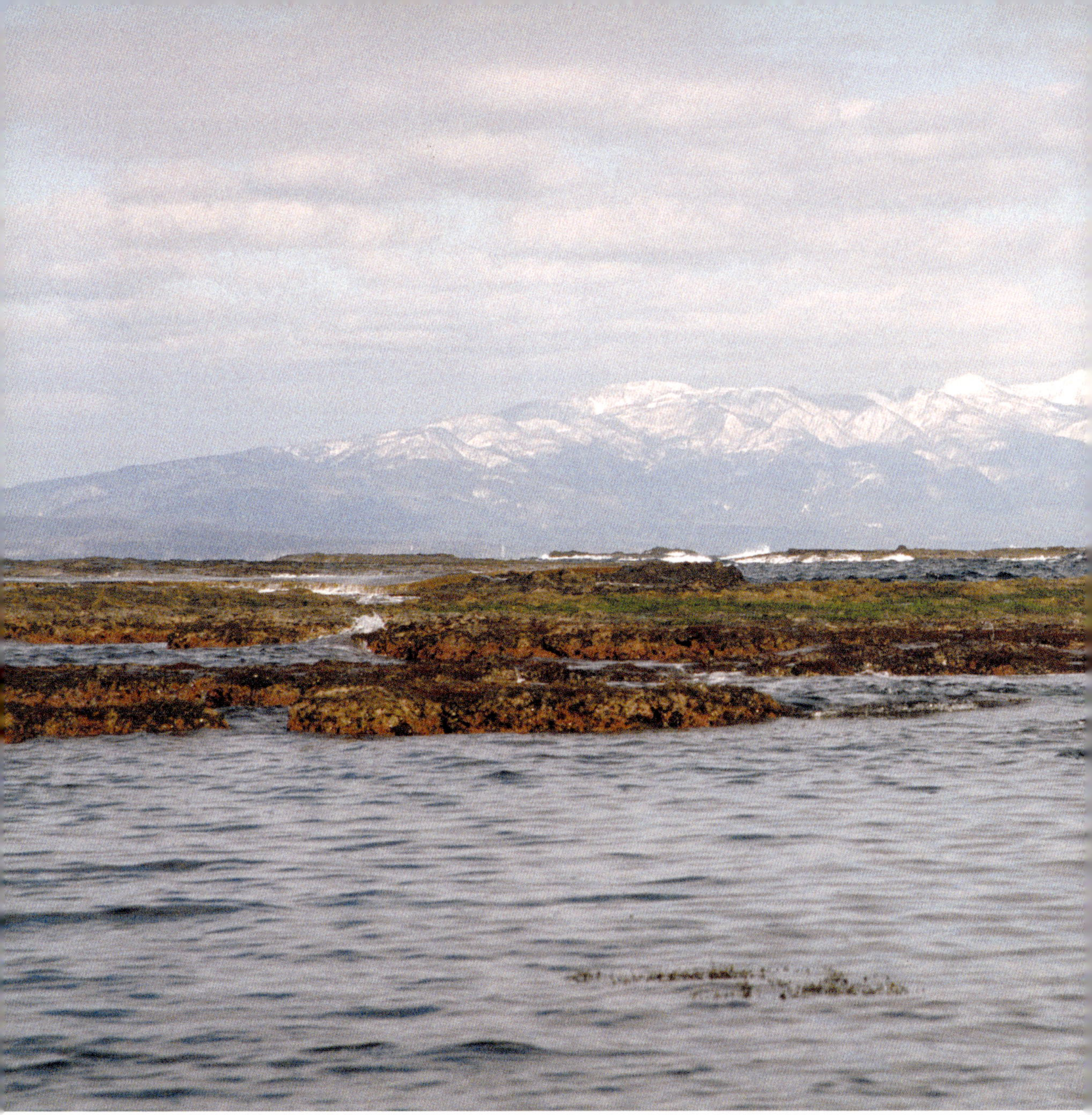

白木地区が発祥とされるたらい舟は、自然環境が生み出した漁業のための大切な道具（磯舟《いそぶね》）です。この海岸は浅瀬や入江が多いことから、生活の知恵として生まれたもので、このたらい舟は、主に磯際でのワカメ、アワビ、サザエ漁などに使われ、佐渡《さど》小木《おぎ》海岸でだけ見られる、独特の風景となっています。

■ 小木港祭　タライ舟競漕

■ さざえ祭

小木町は佐渡島の最南端に位置する、海と緑の自然景観がとても美しい情緒豊かな港町です。

その港町にふさわしい行事がさざえ祭です。毎年七月に行われるこの行事は、わらぞうりを履いて夜の海に入り、たいまつのあかりでさざえを探すもので、採ったさざえは持ち帰ることができ、さざえのつぼ焼きを食べながら佐渡民謡の鑑賞もできます。

また、最南端にある沢崎集落では、岩礁と小さな入り江が多いため、江戸時代より生活の知恵として漁業にたらい舟が使われてきました。毎年八月の小木港祭りの行事では「タライ舟競漕」が行われ、人気をよんでいます。

御所桜は海潮寺《かいちょうじ》にある桜の名木で、ひとつの枝から八重と一重の花が咲く珍しい桜です。順徳上皇のお手植えとされ、国の天然記念物に。花は「匂い桜」で、開花期には優雅な香りが漂います。

■ 海潮寺「御所桜」

新潟県小木町

昔、初代の佐渡奉行が海上の安全を祈願し、木崎神社に米を寄進したのが始まりとされ、8月の3日間小木港祭が盛大に行われます。大獅子舞《おおじしまい》、鬼太鼓、神輿渡御、花火大会、大提灯など盛りだくさんで、なかでも小獅子舞は県無形文化財となっています。

■ 小木港祭　小獅子舞

■ 千石船「白山丸」

千石船展示館には、安政5年（1858年）に、小木町宿根木で建造された和船の設計図をもとに忠実に復元された千石船「白山丸」が公開されています。地元の白山神社にちなんで名付けられたこの千石船は、日本初の実物復元船で、必見です。

■ 竹細工

佐渡には竹林が多く、中でも小木町は良質の竹を産し、源頼政が紫震殿の怪物「ぬえ」を退治した時の矢は、佐渡の竹であったと伝えられています。現在も竹細工が盛んで、多種類の日用雑貨品や工芸品が作られ、全国的にも有名です。

お問い合わせ　〒952-0604　新潟県佐渡郡小木町大字小木町1940番地1　小木町役場　農林水産課
TEL 0259-86-3111　FAX 0259-86-3657

田植え

新潟県塩沢町《しおざわまち》樺野沢《かばのさわ》

撮影：山田　則夫

樺野沢集落は、古くから良食味米の産地として田園が広がっています。一方、スキー場の麓をはじめとする集落の中心部にはペンション、ロッジなどが建ち並び、農村でありながら都会的なイメージを併せ持っています。

稲作の栽培技術の機械化が進むなかで、労働集約的な農作業はほとんど見られなくなりましたが、樺野沢地区ではあえて古くからの技法を実践することによって、稲作の保存伝承活動に努めている農家もいます。

この風景は、残雪の巻機山《まきはたやま》を背景に、手植えによる田植えを行っているところです。

■ 県営ほ場整備で区画整理されたほ場の稲刈り作業

■ 町唯一のカントリーエレベーター（JAしおざわ）周辺の田園風景

塩沢町は、新潟県の南端「米どころ新潟」を代表する魚沼地方の中心にあります。総面積の七割以上が森林で、日本百名山の一つ秀峰巻機山を東に望み、全国有数の豪雪地帯の雪解け水によって一年を通して豊かな水に恵まれ、清流魚野川と登川によって育まれた肥沃な土地から「魚沼コシヒカリ」の主産地となっています。

塩沢町では、高品質・高良食味米の安定生産に向け、水田を中心とした農業生産基盤整備が九割以上進み、機械化一貫作業体系の確立による農作業の省力化が図られています。また上越線、上越新幹線、関越自動車道といった高速交通網の整備により、シーズン約百六十万人が訪れる全国有数のスキー観光地として発展しています。

■ 登川の河川公園

新潟県塩沢町

■ 都市部小学校と地元小学校との学校交流（稲刈り体験）

■ 体験モニターツアー（稲刈り体験）

塩沢町では、「はなしをしよう　人・米・スキーでまちづくり」をキャッチフレーズに、塩沢産魚沼コシヒカリを中心とした農業・四季観光推進への取組みなどを中心政策に掲げて、21世紀のまちづくりに取り組んでいます。また、豊かな自然と人材、地域資源を最大限に活用し、都市と農山漁村との架け橋として、都市の人々との対等な交流関係から芽生えるような独自の特色あるグリーン・ツーリズムを推進しています。

■ スキー場早朝風景

お問い合わせ　〒949-6492　新潟県南魚沼郡塩沢町大字塩沢1370番地1　塩沢町役場　農林課農業係
TEL 025-782-0255　FAX 025-782-4702

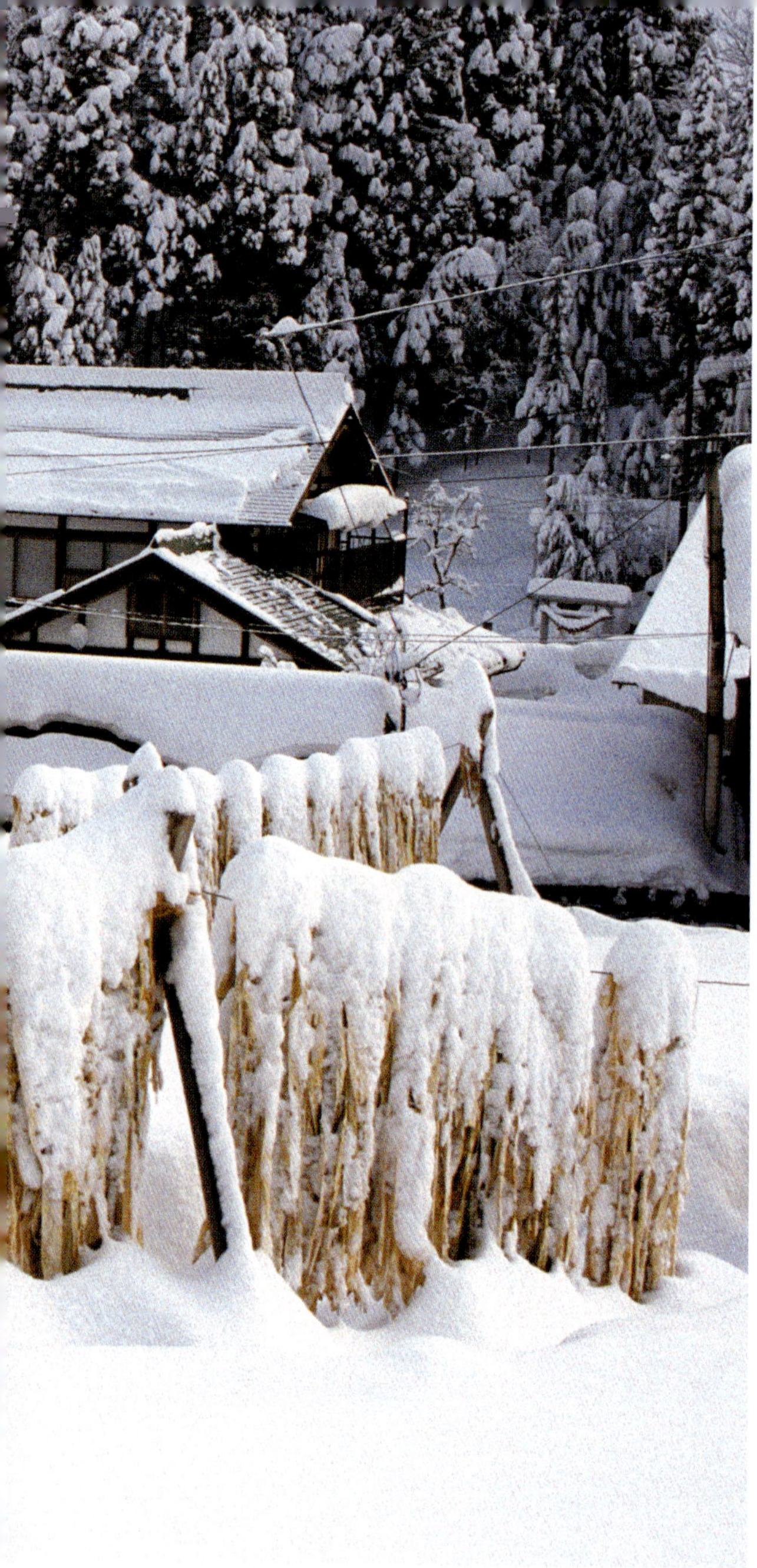

雪の白さへ―楮《こうぞ》の雪晒《ゆきさら》し―

富山県平村《たいらむら》東中江《ひがしなかえ》

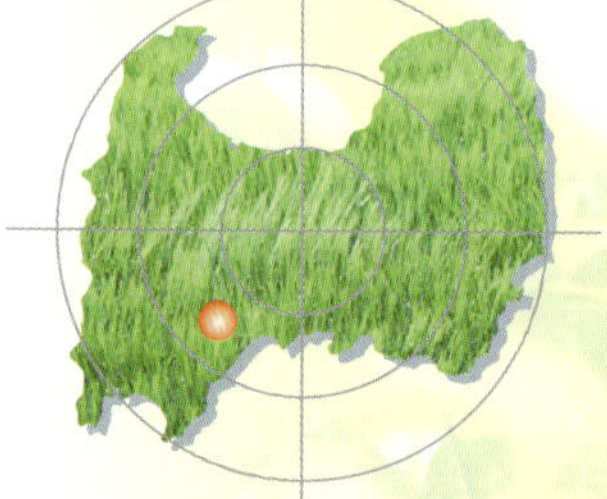

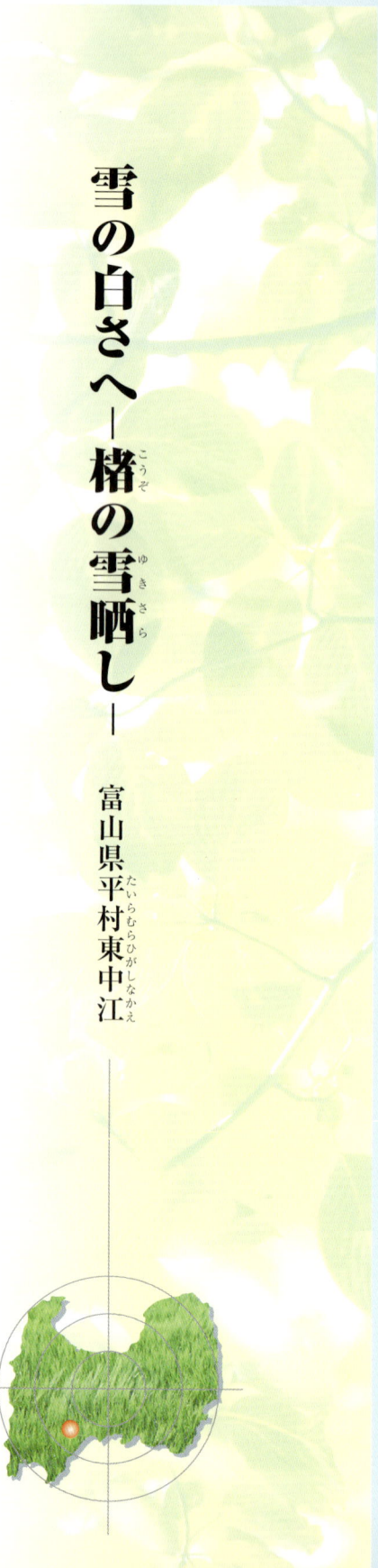

撮影：宮本　友信

五箇山和紙《ごかやまわし》は、江戸時代に平村で作った中折紙が加賀二代藩主・前田利長に贈られ、以来、加賀藩の手厚い保護を受けながら発展してきました。今日でも良質和紙の産地として知られ、その質の高さは京都・桂離宮の解体修理の際、特別に指名されたほどです。

平成五年にはお年玉記念切手に五箇山和紙の干支の置物が紹介され、一躍全国の人々に親しまれるようになりました。五箇山和紙は、八尾和紙、蛭谷《びるだん》和紙とともに「越中和紙」の名で知られ、古文書の修復に使用されるなど国の伝統的工芸品に指定されています。

雪晒し作業は東中江地区の寒冷な気候を活かしたもので、このひと手間が和紙に独特の色つやと強靱さを与えてくれます。

■ 春祭り

■ 念仏道場

平村は富山県の西南端にあって、白山山系の急峻な山々に囲まれた山村です。平家の落武者の隠れ里として、また数々の民謡と世界遺産に指定された相倉《あいくら》などの合掌造りで知られ、多くの有形無形の文化財が残されています。厳しい自然の中から合掌造りに象徴される独自の文化が育ち、その文化に支えられて民謡や祭り、信仰が生まれ、今も生活の中に根付いています。

■ 世界遺産　相倉の春

富山県平村

■ 和紙づくり

古くから平村の産業を支えてきた和紙づくり。村では、五箇山和紙の伝統的な技法の継承と保存、振興に努めています。和紙工芸研究館では、世界の紙の展示のほかに五箇山和紙づくりの体験ができます。

■ 麦屋節

平家の落人が刀をくわやカマに持ちかえて麦を刈る時に歌ったことから麦屋節と伝えられ、刀をたばさみ笠を手に勇壮に舞う姿に平家の栄華がしのばれます。

■ 世界遺産　相倉

相倉には20棟の合掌造りが現存しています。その多くは100～200年前、古いものでは400年前に建造されたものもあり、雪が滑り落ちやすくするための急勾配の屋根や、いっさい釘を使わず縄とマンサクの木で組み立てられた強固な合掌造りは、雪深い厳しい自然を生き抜く人々の知恵が生んだ偉大な発明と言えます。

お問い合わせ　〒939-1997　富山県東砺波郡平村下梨2467　平村役場　産業観光課
TEL 0763-66-2131　FAX 0763-66-2130

中山神社大祭

岐阜県串《くし》原《はら》村《むら》

中山神社大祭は、村の総氏神である中山神社において毎年十月第三日曜日に催される大祭です。この祭りでは四百年の伝統をもつ中山太鼓が奉納されます。太鼓には竹に短冊状の紙片を張り合わせて作った花が飾られ、豊かに稔る稲穂を表しています。太鼓は六組の打ち囃し組が神社の小さな広場で太鼓を打ち鳴らし、五穀豊穣、無病息災を祈願します。

この太鼓は回り打ちが特長で、即興でなく曲が決まっていて、踊りながら太鼓を叩き、一フレーズを叩き終わると叩き手が交代するというもので、この条件を同時にみたす太鼓は全国的に見ても珍しいものです。

■ マレットゴルフ

■ ささゆりの湯

串原村は中山間地域の自然環境を活かし、こんにゃく・豆腐などの生産加工施設や、とりたて新鮮野菜の直売施設、そば打ち・豆腐作りなどの体験施設をはじめ、平成十五年よりくしはら温泉「ささゆりの湯」、「マレットゴルフ場」をオープンするなど都市住民との交流に積極的に取り組んでいます。

昭和四十五年の矢作《やはぎ》ダム建設によって誕生した奥矢作湖には、湖岸に沿って約四千五百本もの桜やもみじが植えられ、花見や紅葉狩りに訪れる人に感動と安らぎを与えてくれます。特に満開の桜のライトアップでは昼とは違った顔をのぞかせ、訪れる人の目を愉しませてくれます。

■ 奥矢作湖岸の桜並木

岐阜県串原村

■ 中山祭

串原村には年に一度、村中が集まって賑わうお祭りがあります。郷土芸能の勇壮な中山太鼓が奉納される中山神社大祭がそれです。毎年10月第3日曜に開催され、6組の打ち囃し組がときにゆったり、ときに激しく太鼓を打ち、五穀豊穣、無病息災を祈願します。

■ ヘボの巣コンテスト

緑豊かな自然の中で生息するヘボ（クロスズメバチ）は、海のない山間地の貴重なタンパク源として尊重されるとともに、その採取や飼育は大きな楽しみとして受け継がれてきました。毎年11月に全国の愛好家が集うヘボの巣コンテストでは、ヘボの巣を持ち寄って大きさを競います。ヘボ飯・ヘボ五平なども用意され賑わいます。

■ トマト大福

串原トマトは、高地育ちならではの味の濃いみずみずしさが特長で、その味を活かしたトマト大福は大福の甘味とトマトの酸味が絶妙です。日本でここだけのトマト大福をご賞味ください。

お問い合わせ　〒509-7892　岐阜県恵那郡串原村2266-1　串原村役場　産業建設課基盤整備係
TEL 0573-52-2111　FAX 0573-52-2925

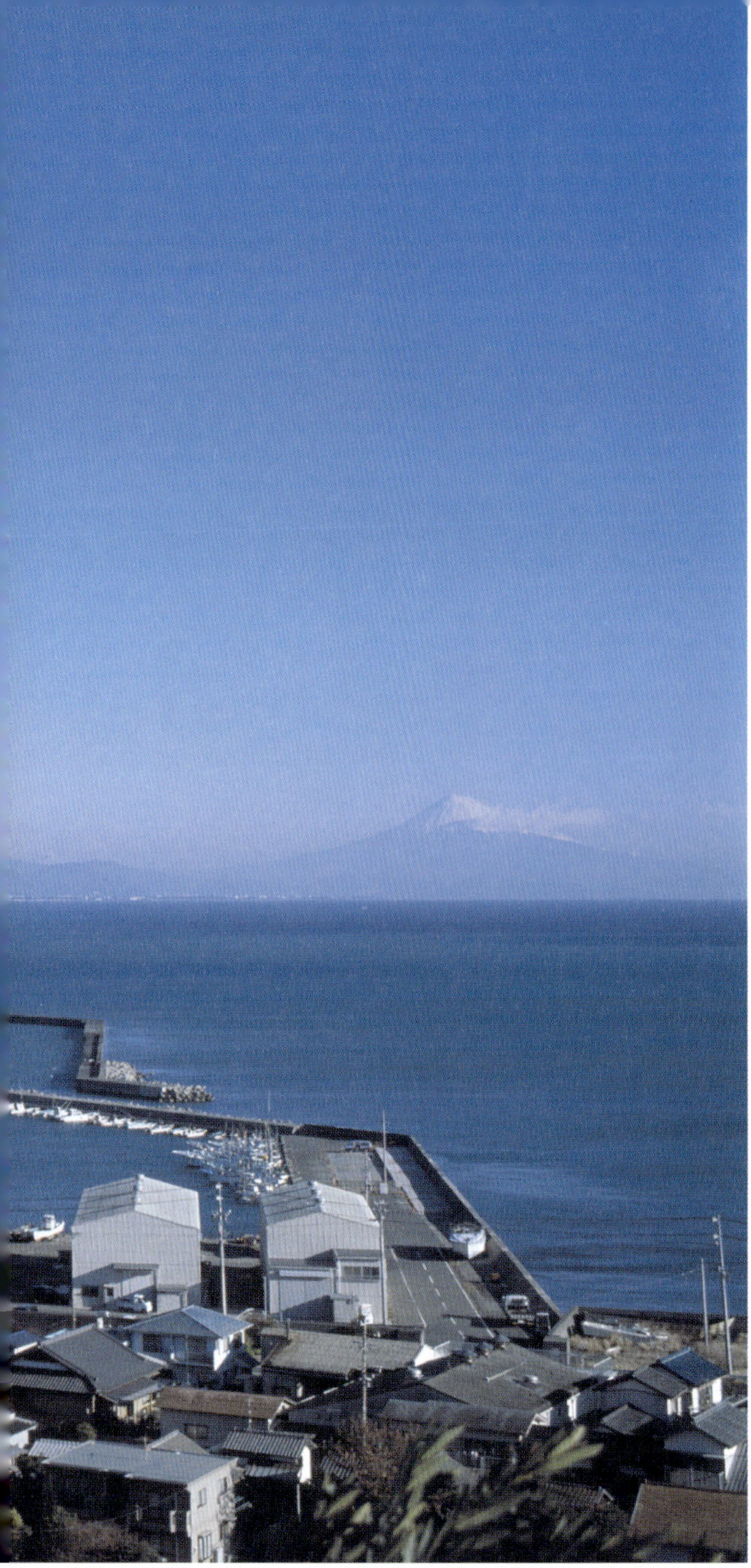

富士を仰ぐ漁港

静岡県相良《さがら》町《ちょう》新庄《しんしょう》

地頭方《じとうがた》漁港は、明治末期までは主に貨物の移出入港として利用されていましたが、現在では県下で九番目、市町村営では五番目に水揚げの多い漁港として賑わっています。主に金目鯛、イカ、シラスなどが水揚げされていますが、昭和四十八年からは種苗放流事業に取り組み、「つくり育てる漁業」を積極的に推進しています

■ 大鐘家屋敷

■ 西萩間の花壇

相良町の基幹産業である「茶」は、牧之原台地の南部で生産されており、全国有数の産地となっています。近年になって基盤整備事業も徐々に進みつつあり、機械化・流動化に向けて生産農家の経営に新たな展開を見せるようになっています。

　また、田沼意次の城下町としても知られ、旗本三千石の格式を持つ大鐘家《おおがねけ》屋敷《やしき》など名跡旧所がたくさんあります。さらに夏には、海水浴やサーフィンなどの海洋性レジャーのスポットとしても賑わっています。

　町の幹線道路には、「さがら花の会」により花壇が整備され、四季折々の花がにぎやかに咲き誇り、ドライバーの安らぎとなっています。

■ 牧之原台地南部の茶畑

静岡県相良町

■ 草競馬

相良町の特色あるイベントに草競馬と御船神事《おふねしんじ》があります。春に相良サンビーチで開催される草競馬大会は、砂浜で開催される日本唯一の草競馬で、県内外から30頭あまりの馬が出走します。砂に足を取られながらも懸命に走る馬たちに、夢中で見入ってしまうこと請け合い。併せて「水産まつり」も行われており、新鮮な魚を安く手に入れるチャンスです。

御船神事は、般若と呼ばれる青年たちが千石船（帆掛け船）の模型を担ぎ、リズミカルな太鼓の音と威勢のいい御船歌にあわせて町中をダイナミックに練り歩く勇壮な神事です。航海の安全を祈願したのが起源とされ、荒海を越える様が力強く繰り広げられます。

■ 御船神事

■ 油田の里公園

油田の里公園には、太平洋岸唯一の相良油田の跡を整備して、手掘り井戸の小屋など珍しい施設や資料館があり、相良油田の歴史を学べます。また、園内には芝生が広がり、小川が流れ、アスレチック場やバーベキュー広場なども整備され、子供から大人まで遊べるスポットとなっています。

お問い合わせ　〒421-0592　静岡県榛原郡相良町相良275　相良町役場　農林水産課
TEL　0548-53-2619　FAX　0548-52-3772

天竜美林

静岡県天竜市《てんりゅうし》東藤平《ひがしふじだいら》

撮影：鈴木　晃

天竜市には、ほぼ中央を流れる天竜川と阿多古川をはじめ中小の支川があいまって、その流域には日本三大人工美林である天竜美林が形成されています。

天竜美林は江戸時代に植林が始まり、明治時代になって本格的な植林が行われ、現在の基礎が築かれました。

天竜市では、この豊かな清流と緑に囲まれた環境を背景に、平成六年に森林都市宣言を内外に向け発信し、「森と川と人が織りなすあったかタウン天竜」の実現に向け、自然や地域、そして人の暖かさを感じられる新たな魅力を持ったまちづくりを進めています。

■ 阿多古川

■ 天竜川ダム湖上流

天竜市は静岡県の西北端、赤石山脈（南アルプス）の最南端に位置し、市名の由来ともなる天竜川が市域の中心部を流れ、流域には「天竜美林」が形成され、古くから林業のまちとして栄えてきました。

観光スポットの一つ光明山の頂上からの眺望は圧巻で、空気が澄んだ日には天竜の街並みを越え、はるか浜松市のアクトタワーもくっきりと見えるほどです。さらに伊砂橋を渡り天竜川西岸へ渡ると湖畔の森が広がり、頂上の展望台からは南北に幅広い天竜川が蛇行しながら流れる雄大な姿を一望することができます。

また、天竜川と鹿島橋付近で合流する清流阿多古川の流域は四季の移ろいとともに太陽の輝きや川面に映る樹木の影によってくるくると表情を変え、絶好の川遊びスポットとなっています。

■ 光明山

静岡県天竜市

天竜川の豊富な水を活かしたスポーツといえばボート。東海唯一の2000メートルの競漕ができる天竜市営ボート場では、ボートの甲子園といわれる全国高校選抜ボート大会など各種の大会が行われるなど、ボート競技がさかんです。平成15年9月には第58回国民体育大会夏季大会のボート競技会場となりました。

■ 天竜ボート場

天竜林業高校では、森の間伐材などを使用してバイオリンをはじめさまざまな製品を作っています。また、間伐などの林業体験、自作楽器による演奏会など木材産業の育成と健全な森林づくりに役立てています。

■ 天竜林業高校生の指導による間伐材を使ったバイオリン作り

天竜といえば川と杉。その天竜杉をふんだんに使った秋野不矩《あきのふく》美術館は、二俣町に生まれ多感な少女時代をこの地ですごした女流画家の作品を展示しています。中に入ると床にしゃがんでくつろぎながら鑑賞できるような不思議な空間に包まれます。

■ 秋野不矩美術館

お問い合わせ　〒431-3392　静岡県天竜市二俣町二俣481番地　天竜市役所　農林課
TEL 0539-22-0031　FAX 0539-22-0089

緑の風の詩《うた》が聞こえる里・桂畑

三重県美里村《みさとむら》桂畑《かつらはた》

撮影：乾　信明

桂畑地区はわずか三十四戸の世帯が静かに暮らす小さな集落で、農林業がこの地区の経済を支えています。また、地域住民が協力して、さつきやれんげなどの景観作物の作付けを行い、自慢できる村づくりとして、さつきや芝桜の植樹を行うなど、美しい景観づくりにつとめています。

穏やかな悠久の時を感じさせるこの風景は、地域の住民だけではなく、都市部の人々にとってもかけがえのない美しい農山村のもつ意味と、先人の人々が築きあげた歴史・文化を承継しながらそれを守り育む地域の人々の営みの尊さを再認識させてくれます。

■ 経ヶ峰

■ 青山高原

「今も昔も将来も美しい里であれ」と村名に込められた願いのとおり、美里村には〝美しさ〟が至る所にあふれています。村内にはきらきらと水面が輝く長野川が流れ、アユやアマゴの宝庫となっており、美しい清流ならではの生命が育まれています。

室《むろ》生《お》赤《あか》目《め》青《あお》山《やま》国定公園の一角を形成する青山高原の笠取山に続くなだらかな草原地帯には、あせび、つつじが群生し、訪れる人の目を愉しませてくれます。山頂からの眺めは絶景で、西は伊賀盆地、東は伊勢湾を隔てて遠く知多半島まで見渡すことができます。

また、標高八百十九メートルの経ヶ峰には登山道が整備され、頂上の木組みの展望台からは青山高原や笠取山、伊勢湾、渥美半島などが眼下に広がり、遠く富士山が見えることもあります。

■ 長野川の清流

三重県美里村

■ 棚田風景

■ 花のハウス栽培

美里村は米、麦、大豆などの主要農作物と、畜産・花き類などの複合経営から成り立っています。基幹産業である農業では、担い手の育成とともに集落営農体制を確立して効率的かつ安定的な農業経営体を育成し、経営の合理化・規模の拡大から効率的な土地利用を推進しています。

かんこ踊りは8月末、華やかな衣装に身を包んだ村民が唄い踊る、伝統のある祭りです。五穀豊穣の願いを込めて、桂畑、北長野、南長野の3地区で継承されています。

■ かんこ踊り

お問い合わせ　〒514-2192　三重県安芸郡美里村大字三郷48番地1　美里村役場　企画課

TEL 059-279-8112　FAX 059-279-8125

伝統を引き継ぐ 〝原のたいまつ〟

兵庫県太子町《たいしちょう》原《はら》

原地区で毎年八月十五日に行われる祭りは、地区内の大歳神社《おおとしじんじゃ》で古くから続いている伝統のある祭りです。毎年千人を越す人々で賑わうこの祭りは「原のたいまつ」と呼ばれ、地元の子供から大人まで、燃え盛るたいまつを担いで走り回る勇壮な行事が中心となっています。

祭りの起源は詳しくはわかっていませんが、田植えのための雨乞い・五穀豊穣・先祖の霊を慰める祭りとして語り継がれています。

■ 町花ひまわり

■ 手延べそうめんづくり

温暖な気候と田園風景。太子町は、恵まれた自然条件のもと農業を基幹産業として発展してきました。現在も稲作を中心にいちじくやたけのこの栽培が盛んに行われています。また、冬の農家の副業から始まったそうめんづくりや味噌づくりも、長い歴史と伝統の中で産業として根付いています。

【町花ひまわり】

大きく強く、のびのびとして明るい花。明るい町づくりを目指す太子町にふさわしい花として選定されました。

■ 田園風景が広がる町内のレンゲ畑

兵庫県太子町

太子町が宮本武蔵生誕の地とする根拠は、宝暦12年（1762年）の「播磨鑑《はりまかがみ》」（平野庸修作）の「宮本武蔵は太子町宮本で生まれた」という記載によります。これを記念して、生家と伝えられる屋敷跡の隣に生誕の碑が建立され、宮本武蔵顕彰会をはじめ多くの人によって守り続けられています。

■ 宮本武蔵生誕の地碑

推古天皇14年（606年）、講説に感じた推古天皇から贈られた土地を聖徳太子が斑鳩荘と名付け伽藍を建てられたのが斑鳩寺の始まりです。伽藍の中で三重塔は最古の建造物で、五重を思わせる均斉のとれた壮麗な姿を見せています。

■ 斑鳩寺三重塔

■ 飛鳥時代を再現する時代行列

太子町には、はるか昔からの伝統文化が現代まで数多く伝えられています。斑鳩寺で行われる聖徳太子ゆかりの行事や民俗芸能、各神社の秋祭りをはじめ、飛鳥時代の模様を再現した時代行列など地元の人たちの尽力によって受け継がれています。

お問い合わせ　〒671-1592　兵庫県揖保郡太子町鵤1369-1　太子町役場　産業経済課

TEL 0792-77-1010　FAX 0792-76-3892

初春の梅林と當麻寺《たいまじ》双塔《そうとう》

奈良県當麻町《たいまちょう》當麻《たいま》

撮影：椿本　九美夫

水田転作の対策として導入したウメは、春の開花シーズンともなると白鳳時代に建立された町のシンボルである當麻寺を美しく引き立て、訪れる人々の目を楽しませてくれます。

ウメ樹は休耕田に植え付けされ、数年の育成期間を経た後、現在では切り花とともに年間約二百キロほどの果実を出荷するまでになっています。また、町内の加工施設でも漬け梅や梅酒に加工され、道の駅などで販売されています。

當麻町は、中将姫《ちゅうじょうひめ》伝説、相撲の発祥地としても知られ、豊かな自然と調和のとれた文化財の宝庫として、白鳳ロマンの息吹を今に伝えています。

■ 當麻寺本堂

■ 双塔とぼたん

當麻町は奈良県の西北部に位置し、豊かな文化財と自然が調和する田園の町です。二上山は「ふたかみやま（二神山）」ともいわれる當麻町のシンボルで、雄岳・雌岳の二峰からなります。雄岳山頂には天武天皇の皇子で、数多くの歌が万葉集に収められている大津皇子の墓があります。

二上山山麓には、白鳳時代の創建と伝えられる古刹《こさつ》當麻寺《たいまでら》があり、「中将姫」の伝説で知られる當麻曼陀羅をはじめ多くの優れた仏像を所蔵する一方、境内には天平時代の重要な遺構である東・西両塔、金堂・講堂などが建ち並んでいます。當麻寺はまた「ぼたん」の名所としても知られ、見頃の四月中旬から五月上旬には観光客で賑わい、心和む風景が醸し出されています。

■ 二上山（左：雌岳　右：雄岳）

奈良県當麻町

木戸池公園は、水環境整備事業としてため池を利用して整備されたもので、噴水、菖蒲園、バラ園休憩所などがあり、住民が水と親しみ、やすらぎと潤いの場として利用されています。

■ 夕暮れの木戸池公園

當麻お練りは正しくは「聖衆来迎練供養会式《しょうじゅうらいごうねりくようえしき》」といい、恵心僧都《えしんそうず》が大衆を浄土信仰に導くために始めたもの。お練りが行われる5月14日は、中将姫が生身のまま成仏した日に由来するといわれています。

■ 當麻お練り

當麻町では、集落内の遊休農地を積極的に活用するため小麦の作付けを行っています。収穫された小麦は出荷するとともに、一部は地元の直売所で手打ちうどん体験等に利用されています。

■ 麦作風景

お問い合わせ

〒639-2197　奈良県北葛城郡當麻町大字長尾85番地　當麻町役場　産業課
TEL 0745-48-2811　FAX 0745-48-2302

年豊を祈る
―杉野原の御《おん》田《だ》舞《まい》―

和歌山県清水町《しみずちょう》杉野原《すぎのはら》

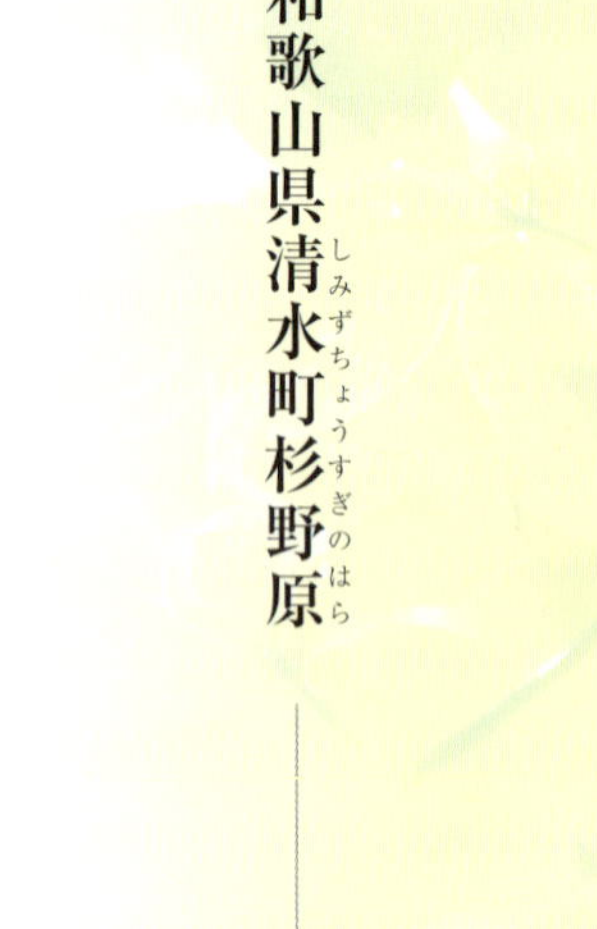

撮影：山口　隆章

御田舞は往古より有田川沿いの九地区で伝承されてきましたが、時代の変遷とともに多くは廃止され、現在は三地区で継承されているだけとなっています。このうち、行事を行う舞殿が残されているのは杉野原地区の阿弥陀堂《あみだどう》だけとなっています。

重要無形民俗文化財の「杉野原の御田舞」は、二十数通りの稲作作業を舅《しゅうと》から聟《むこ》へ教える所作を行うことで、豊穣満作を祈願するものです。

写真は、御田舞の四方鍬演技《しほうぐわえんぎ》に加勢する如く十数人の屈強な褌姿の男たちが囃子に合わせて揉み合いながら右まわりにぐるぐる回る裸苗押《はだかなえおし》で、稲作の伝統と農作業の力強さが表現されています。

■ さがり滝

■ しみず温泉

清水町は美しい林相と渓谷が展開し、一部は高野龍神国定公園の中にあり、また二川《ふたがわ》ダム湖から生石ヶ峰《おいしがみね》につながる地域は生石高原県立自然公園に指定されていて、四季折々の美しさを見せてくれます。

中でもあらぎ島は第四回美しい日本のむら景観コンテスト農林水産大臣賞、日本の棚田百選に選ばれ、その美しい景観は四季折々に変わる風景をゆっくりと堪能することができます。

アマゴ釣りで知られる湯川渓谷は、春の若葉と秋の紅葉が美しく、特に三滝は絶好の観光スポットで、中でも滝高が六十メートルと規模が最も大きいさがり滝の前では神秘的な雰囲気に包まれます。

しみず温泉健康館は、八角の屋根を八つの亀甲型に組み合わせたユニークな建物です。槇づくりの湯船から有田川の清流を眼下に眺め、せせらぎの音、野鳥のさえずりを聞きながら天然温泉を心ゆくまで味わうことができます。

■ あらぎ島

和歌山県清水町

■ 二川ダム湖畔の桜

あらぎ島とならんで清水町を代表する景色のひとつに二川ダム湖の桜があります。春ともなると約千本の桜が咲き誇り、人々を迎えてくれます。

町内には約50ヘクタールの山椒の畑があり、全国一の生産量を誇っています。清水町の山椒は大粒で香りも良く、最高級の品質と評価をいただいています。現在では粉山椒のほか佃煮、塩漬加工など土産品としても人気を呼んでいます。

■ 山椒の収穫

■ 安諦地区ほ場整備

森林が大半を占める中で清水町の農業は、後継者不足、生産物の価格の低迷など厳しい条件の下にあります。町では後継者の育成、農作業の受委託の促進、ほ場整備など生産基盤の整備を行い生産力の向上と近代化を進めるとともに、地域特性を生かした農産物の付加価値化や流通システムの整備に努めています。

お問い合わせ

〒643-0592　和歌山県有田郡清水町清水387-1　清水町役場　企画振興課

TEL 0737-25-1111　FAX 0737-25-1250

墨つけトンド

島根県美保関《みほのせき》町《ちょう》片江《かたえ》

島根半島の脊梁・北山山地の東端地にあたる美保関町は、東西を走る分水嶺を骨格とした山の多い地形のため平地が少なく、漁業の町として知られています。

墨つけトンドは、毎年一月七日に行われる地区の神事で、昔ながらのトンドと同時に行われる魔よけのおまじないとされる「墨つけ神事」を総称したものです。

御神輿を担いで練り歩き、無病息災・大漁を祈願しますが、さらに墨をつけられると一年間は風邪をひかず、海難にも遭わないとされており、片江地区では今も根強い信仰をもたれています。

■ 美保神社

■ 諸手船神事

美保関町は島根半島の最東端に位置する漁業と歴史の町です。町の中央部は東西に北山山脈が走り、北はリアス式海岸線が美しい紺碧の日本海、南は大山を望む美保湾、中海と三方を海で囲まれています。

ゑびす様で知られる美保神社の本殿は美保造りと呼ばれ、大社造りを二棟並べた独特の構えで、国の重要文化財に指定されています。漁業、海運、商売、歌舞音曲の神様、ゑびす様を祀る全国三千社余りの総本社でもあります。

その美保神社の代表的神事として十二月三日に行われるのが諸手船《もろたぶね》神事です。国譲りの神話にちなみ、二隻の諸手船に古代衣装をまとった氏子が乗り込み、対岸まで三度にわたり競漕を繰り広げる古代色あふれる神事です。

美保湾を望む五本松公園には、シーズンともなると五千本ものツツジが一斉に咲き誇ります。山肌が鮮やかな色に染まると、いよいよ夏の到来を待つばかりです。

■ 五本松公園のツツジ

島根県美保関町

美保神社にはもう一つ諸手船神事と対をなす青柴垣《あおふしがき》神事があり、4月7日に行われます。国譲りを了承したコトシロヌシノミコトが青葉の柴垣に隠れたという故事を再現したもので、数々の習俗と故実が含まれる神秘的な神事です。

■ 青柴垣神事

■ 美保関灯台

三方を囲んだ海を見渡す美保関灯台は、明治31年に建造されたフランス風の灯台で、世界歴史的灯台百選に選ばれました。海抜73メートルからは日本海のパノラマが楽しめ、隠岐を望みながら休憩できるビュッフェもあります。

美保関は江戸時代に北前船の西廻り航路の寄港地として栄え、美保神社から佛谷寺までの青石畳通りは多くの人々で賑わいを見せました。当時の面影を残す街並みと青石畳の道が、今も落ち着いた雰囲気を醸し出しています。

■ 青石畳通り

お問い合わせ　〒690-1311　島根県八束郡美保関町大字七類3246番地1　美保関町役場　水産観光振興課
TEL 0852-72-2181　FAX 0852-72-3888

島の祭り

広島県沖《おき》美《み》町《ちょう》

昔から沖美町は農業、水産業ともに豊かで、五穀豊穣と大漁を祝うための祭祀《さいし》を行っています。

祭祀は「八幡神社《はちまんじんじゃ》　例大祭《れいたいさい》」といい、地元の神社の沖合でダイバ（猿田彦ノ神《さるたひこのかみ》）、おたふく、オンジシ（雄獅子）、メンジシ（雌獅子）が海上神楽《かぐら》を行い、隣町にある八幡神社へ移動して神社の本殿より御神体を神輿《みこし》に移す儀式を行うことから始まります。ダイバ、おたふく、オンジシ、メンジシは神輿の通り道を清めながら砂浜（浜宮）に案内して五穀豊穣を祝う神楽を舞い、神主、巫女が五穀豊穣のための儀式を行います。

写真は、八幡神社へ移動中におたふくがブリッジで舞う海上神楽の様子です。

■ 創造の森森林公園

■ サンビーチ沖美

瀬戸内海国立公園に属している沖美町は、風光明媚なところとして知られ、夏ともなると五百メートルはある美しい砂浜には、多くの海水浴客が訪れます。近くには宿泊施設やバースハウス・遊歩道・休憩園地なども整備されています。

その入鹿海岸の沖には夫婦岩と呼ばれる奇岩があります。昔近くの山にあった採石場の中で、この岩だけはどうしても切り取れなかったと言われ、長年の波の浸食に耐えたこの岩は、地元では神のご加護によるものと信じられています。

また、創造の森森林公園がある砲台山の山頂に至るまでの眺望はすばらしく、林道と遊歩道周辺には約九十種類もの花木が生育しており、森林浴が楽しめます。

■ 夫婦岩

広島県沖美町

砲台山登山道入口近くに、町民の福祉の増進と、健康で文化的な魅力ある町づくりをめざし、集う、学ぶ、健やかの3部門を中心に建設したふれあいセンターがあります。これからの高齢化社会の地域福祉の拠点、ならびに芸術・文化・交流の場として親しみやすい機能的内容の充実した施設です。

■ ふれあいセンター

■ 三高浄水場

三高港の上流には長さ134メートル、高さと幅が34メートルの島には珍しく大きな重力式ダムがあります。ダムの下には芝生一面に桜の木が植えてあり、春には格好の憩いの場となっています。（平成16年1月現在工事中）

また、毎年8月下旬には、おきみ水軍にちなんでおきみ水軍フェスタが開催されます。水軍和太鼓やもちまき、約500発の花火など、沖美の夏を大いに盛り上げます。

■ おきみ水軍フェスタ

お問い合わせ　〒737-2393　広島県佐伯郡沖美町畑358番地　沖美町役場　産業建設課
TEL 0823-48-0211　FAX 0823-48-0911

くじら祭り

山口県長門《ながと》市《し》通《かよい》

撮影：三浦　玲子

くじら祭りは、元禄五年（一六九二年）に鯨墓が建立されて三百年になることを記念して、一九九二年に長門市がまちおこしの一環として開催したものです。この祭りの呼び物は、漁協青年部が中心となって繰り広げる「古代捕鯨」の再現にあります。

この捕鯨法は、親鯨を網に追い込み、鯨船が取り囲んで銛を打ち込んで捕獲するものですが、この時季、下り鯨の体内には時として胎児をかかえていることからその胎児の死を哀れみ、鯨墓建立から三百年後の今日も供養が続けられています。これは生あるものへのやさしさと思いやりの心として全国的にも高く評価されている鯨文化です。

このやさしさと思いやりを後世に伝えるため、毎年七月に地域をあげてくじら祭りを開催しています。当日は鯨唄の披露や和船競漕なども行われ、地区行事として大変賑わっています。

■ 金子みすゞ記念館

■ 仙崎

その名のとおり、きらめくような蒼い日本海に浮かぶ青海島。別名海上アルプスと称され、断崖絶壁、数多くの奇岩怪岩などが連なる景勝地で、北長門海岸国定公園の代表的景観となっています。

対照的に波静かな景観を見せる仙崎湾にある仙崎漁港は、山口県第二位の水揚げを誇り、地域の漁業の中心地として活気にあふれています。街には狭い小道、趣のあるたたずまいが今も残されていて、漁師町特有の風情をみせています。

この仙崎で生まれ育った金子みすゞ。その優しさと人々に広がり続ける感動を残そうと、金子みすゞ記念館にはみすゞの作品と生涯を中心にした展示を常設し、残された貴重な品々や未発表作品など、みすゞの世界の魅力を紹介しています。

■ 青海島

山口県長門市

応永17年当時の守護代、鷲頭弘忠創建《わしのうずひろただそうけん》と伝えられる曹洞宗屈指の名刹大寧寺《めいさつたいねいじ》。かつては西の高野といわれるほどの隆盛を誇り、今もその面影をとどめています。また、境内の側を流れる川には一枚岩からなる県の三奇橋の一つ盤石橋《ばんじゃくきょう》があります。

■ 大寧寺

■ 大寧寺の盤石橋

その大寧寺三代住職が住吉大明神のお告げで発見したと伝えられる湯本温泉では、小橋がかかる音信川の両岸に宿が軒を並べ、しっとりとして閑雅な湯のまち情緒が漂います。初夏になると川の上流では源氏ボタルが彩りを添え、涼しげなカジカの声に心洗われるでしょう。

■ 湯本温泉

お問い合わせ　〒759-4192　山口県長門市東深川1339番地2　長門市役所　水産課

TEL 0837-22-2111　FAX 0837-22-6345

千枚田 虫送り

香川県池田町《いけだちょう》中山《なかやま》

撮影：東　宏誌

池田町中山にある湯舟山《ゆぶねさん》の斜面に開かれた棚田は千枚田と呼ばれ、南北朝時代に作られたものと考えられています。標高百五十～二百五十メートルの急峻な山腹に約八・八ヘクタール、七百三十三枚の日本の棚田百選にも選定された大小さまざまな棚田が波形模様を描いて美しく広がっています。

棚田は大きいものでも五アール程度しかなく、農作業には不利な地形ですが、湯舟水利組合や千枚田守ろう会などによって保存されています。

虫送りは、毎年半夏生（はんげしょう）に当たる七月二日に、虫よけと豊作を願って行われる民俗行事で、火手（ほて）と呼ばれる松明を持った子供たちが稲が植わったあぜ道を練り歩いて行います。

■ しあわせの像

■ 誓願寺の大ソテツ

元禄時代に建立された誓願寺の山門をくぐると、樹齢五百年以上、樹勢の旺盛さと巨大さでは日本一といわれる株回り八メートル、樹高七・五メートルの雌樹の大ソテツがあります。伝説によれば、元禄時代にこの地に回船業を営む塩屋金八なる人物が、南九州方面から持ち帰り寄贈したものとされ、国の天然記念物に指定されています。

誓願寺から中心部に向かう平木の交差点には、カエルの先生と子供たちが名作「二十四の瞳」の一場面の電車ごっこをしているしあわせの像があり、全国に一市六町ある池田町のシンボルキャラクターのハッピを着たハッピー君が愛敬たっぷりに出迎えてくれます。

さらに道を登っていくと、耕地の少ない山間の傾斜地を手作業で耕した千枚田があります。この千枚田は名水百選にも選ばれた湯船の名水を水源に、急峻な山腹に農作業には不利な地形ですが、「湯船水利組合」や「千枚田守ろう会」などにより大切に保全され、稲穂が黄金色に実る光景は秋の風物詩となっています。

■ 千枚田　空撮

香川県池田町

島に稔りの秋が来て、稲穂が黄金色に揺れる頃になると豊作感謝の秋祭りが始まります。小豆島の太鼓まつりは、きれいに飾った赤い布団太鼓が技を競う勇壮なもの。池田亀山八幡では、海から太鼓台を威勢良く運び入れる押し込みが見られるほか、14の地区ごとに違った華麗な競演を鑑賞することができます。

■ 太鼓台の押し込み

そのおいしさから全国三大産地の一つとしてあまりにも有名な小豆島手延そうめん。小豆島でそうめんが造られ始めたのは1598年頃と伝えられ、今も昔と変わらぬ製法で、かたくなに守り続けられている自然の味です。

■ 手延べそうめん

■ 中山農村歌舞伎

春日神社境内にある中山農村歌舞伎の舞台は、天保年間以前に琴平の旧金丸座を模して建築されたと伝えられるもので、歌舞伎は江戸時代後期から明治、大正の隆盛期を経て、今日に至るまで春日神社の奉納芝居として上演が続けられています。毎年体育の日の午後5時ころから農村歌舞伎保存会によって、4～5幕が上演され、観客は「ワリゴ弁当」を開き、酒を酌み交わしながら舞台の演技と一体になって夜のふけるまで見物します。

お問い合わせ　〒761-4388　香川県小豆郡池田町大字池田2100-4　池田町役場　産業振興課
TEL 0879-75-0555　FAX 0879-75-1500

日本一の藪椿《やぶつばき》「シャクジョウカタシ」

高知県吾北村《ごほくそん》上八川《かみやかわ》柿藪《かきやぶ》

撮影：田岡　重雄

「シャクジョウカタシ」は、吾北村にある日本一の藪椿の愛称です。

象の足を数倍大きくしたような木の幹周りは三・二メートルもあり、樹齢は四百年から七百年とも。鬼ごっこができるほどの枝が四方に伸び、こんもりと茂った姿が山伏や僧侶の持つ「錫杖《しゃくじょう》」に似ていることから、この愛称がつけられました。「カタシ」は土佐の方言で椿を意味し、固くしなやかな木の特性や堅い実に由来しています。

一説には、この椿は平家の落ち武者が土地の人々に慕われ、亡くなった後にその墓印として植えられたと伝えられていて、県の天然記念物に指定されています。

■ 一服涼風（上八川8月）

■ 銀色の朝（津賀ノ谷2月）

高知県中北部に位置する吾北村は、工石山《くいしやま》陣ヶ森《じんがもり》県立自然公園、程野《ほどの》の滝など大きな自然が育む豊かな緑と水に囲まれた「ほのぼの」の郷です。

村の九十パーセントが森林で、十五～四十度の急傾斜に点々と集落が散在する典型的な中山間地域である本村での農業農村整備は、集落を結ぶ農道の整備を中心に行われてきました。平成八年度からは県営の中山間地域総合整備事業が導入され、区画整理、農村情報無線施設等も整備されました。

■ 山風渡る（奥大野7月）

高知県吾北村

平成8年5月、合併40周年を迎えた吾北村は、写真という記録の財産を村民みんなで残していこうというちょっと変わった宣言をしました。世界でもおそらくここだけの「写真文化の村宣言」です。毎年、村民写真展を開催して、村の記録を残しています。

村の北部には「グリーンパークほどの」があります。ここには程野の4つの滝があり、東西4キロメートルの間にほぼ等間隔に並んでいて、落差は50～100メートルにも及び、四季を通じて変化する滝の景観はすばらしいの一言です。この滝をバックにキャンプ場、四輪バギーコース、カート場等が整備されており、アウトドアレジャーが楽しめます。

■ 暁鐘（津賀ノ谷10月）

■ 秋水飛天（程野11月）

■ 秋雲はるか（樫山10月）

お問い合わせ

〒781-2492 高知県吾川郡吾北村上八川甲1934 吾北村役場 農林課

TEL 088-867-2313 FAX 088-867-2777

稲刈りって楽しい！うれしい！

長崎県西海町《さいかいちょう》伊《い》佐《さ》ノ《の》浦《うら》

一五六二年（永禄五年）、大村家当主大村純忠公《おおむらすみただこう》は、平戸を追われたポルトガル船を横瀬浦《よこせうら》に受け入れ、一帯は南蛮貿易とキリスト教信仰の拠点となり、二年弱とはいえ、国内ではこの地だけが繁栄しました。また、ローマに派遣された天正遣欧少年使節《てんしょうけんおうしょうねんしせつ》の一員である中浦ジュリアン生誕の地として、町内には史跡が数多く点在し、歴史に育まれた伝統文化が大切に受け継がれています。

美しい海と豊かな緑に囲まれた町の基幹産業は農業で、みかん、畜産、米などが中心です。また、水産資源も豊富で、これらの資源を活かし、都市と農村の交流を図っているところです。

この風景は、都市と農村の交流の一コマで、稲刈り体験を行っているところです。

■ 伊佐ノ浦公園の朝焼け

■ 情報発信基地　みかんドーム

西海町は九州の西の端、西彼杵《にしそのぎ》半島の最北端に位置し、海と山の豊富な自然に恵まれています。

町では中央部にあるみかんドームを中心に、全町公園化を目指し、各種施設を整備しています。山間部にある農業ダムを公園化した伊佐ノ浦公園は、コテージ、バンガロー、薬膳レストラン、交流センターなどの施設が充実しています。このダムの水を利用したみかん、豚、大根の生産が盛んで、特にゆでた大根を冬の寒風に晒してつくるゆでぼし大根は町の特産品として全国に出荷されています。

■ 冬の風物詩　ゆでぼし大根やぐら

長崎県西海町

天正遣欧少年使節としてローマに派遣された中浦ジュリアンの生誕地として、また平戸に次いでポルトガル船が来航した町として知られています。港の入口にあるハノ子島に立つ十字架のある横瀬浦は、現在、史跡公園として整備中です。

■ ハノ子島の十字架

■ 天正遣欧少年使節　中浦ジュリアン像

■ 伝統芸能　中浦浮立の鬼神太鼓

中浦浮立はおよそ4年ごとの11月に奉納され、鬼神太鼓が演じられます。太鼓の演奏はストーリー仕立てになっており、太鼓を発見した鬼が恐る恐る太鼓にふれる場面から、3匹の鬼による太鼓演奏に展開する趣向を凝らした演奏です。

お問い合わせ　〒851-3592　長崎県西彼杵郡西海町木場郷2235　西海町役場　経済課
TEL 0959-32-1111　FAX 0959-32-2301

生きている中世のムラ

大分県豊後《ぶんご》高田《たかだ》市《し》小崎《おさき》

水田や周囲の景観を中世の時代そのままの姿で守り、受け継いでいるのが田染荘《たしぶのしょう》小崎地区《おさきちく》です。千年も前より水田の開発が始まり、中世には八幡社の総本社である宇佐神宮《うさじんぐう》から最も重視されたほど豊かな稔りをもたらしました。

周囲を国東六郷満山《くにさきろくごうまんざん》ゆかりの山々に囲まれたこの地域では、四季折々に変貌する美しい農村の原風景がひろがっています。また、水田の発祥から変遷を、さらに水と農との関わりを学ぶことができ、まさに水田一枚一枚に歴史が刻み込まれた、悠久の表情を見せてくれます。

■ 天念寺修正鬼会

■ 若宮八幡秋季大祭（裸祭）

大分県の北西部、国東半島の付け根に位置する豊後高田市は仏の里と呼ばれ、国宝富貴寺《こくほうふきじ》などの歴史的文化遺産が数多く存在し、六郷満山と呼ばれる神仏習合の仏教文化が栄えた地で、現在もその面影を色濃く残しています。江戸の中期から伝わる航行の安全と豊漁を祈願するホーランエンヤ、国家安泰・五穀豊穣を祈念する全国でも希有な火祭りの天念寺修正鬼会《てんねんじしゅじょうおにえ》、若宮八幡秋季大祭（裸祭）などの伝統行事が受け継がれ、今もさかんに行われています。

■ ホーランエンヤ

大分県豊後高田市

その昔、鬼が住んでいたといわれる鬼城岩峰《きしろいわや》のある並石《なめし》ダム周辺など、のどかな山村の風景と奇岩の峰が国東観光らしいムードを作り出しています。

■ 桜並木と並石ダム

豊後高田市は瀬戸内海気候に属し、四季を通じて雨量が少なく温暖な気候に恵まれていることから、海岸部から山間部の地域の特色を活かした農業生産が行われています。白ねぎ、すいか、豊後牛、合鴨などが有名ですが、最近では、スローフード運動の高まる中でそばの生産に力を入れており、そばの白い花が農村風景を美しく彩ります。

市では田染地区を中心として環境に配慮した農業・農村整備である田園空間整備事業を平成13年度から展開し恵まれた歴史的資源、自然とともに農業・農村の歴史や文化を語り継ぐ地域として位置付け、都市と農村との交流、ふれあいを通じて活気ある豊かな農村社会の形成に力を入れています。

■ 小崎地区御田植祭

■ ほ場整備事業（嶺崎地区）

お問い合わせ　〒879-0692　大分県豊後高田市大字御玉114　豊後高田市役所　農林水産課
TEL 0978-22-3100　FAX 0978-22-3795

蘇《よみがえ》る内成棚田

大分県別府市《べっぷし》内成《うちなり》

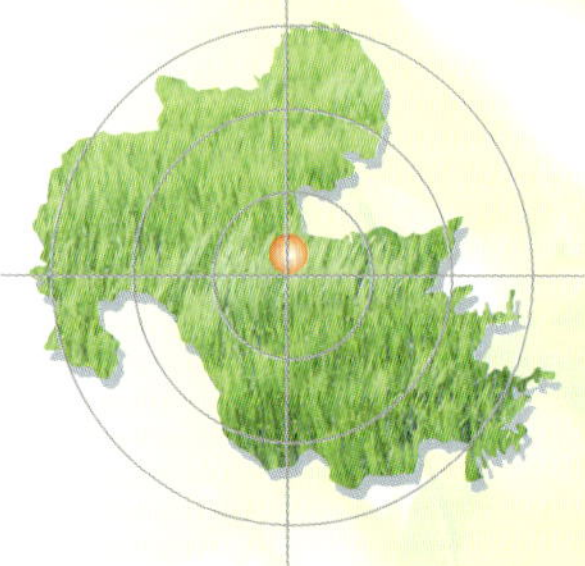

撮影：三原　賢士

内成は、別府市の南端に位置する世帯数百、人口三百人ほどの、九つの集落からなる地区です。

約三十戸の農家によって水田が耕作されていますが、稲作の歴史は古く、鎌倉時代の古文書にも記録があり、石《せき》城寺《じょうじ》からの湧水を水源とする棚田米は良食味米として高い評価を得ています。

高齢化が進む中にあって、日本の棚田百選にも認定されたこの素晴らしい景観を有する棚田を守ろうと、「内成の棚田とむらづくりを考える会」が設立され、地区住民全体で棚田を守るための活動が展開されています。

■ 神楽女湖の花菖蒲

■ 別府湾からの日の出

遠くは四国が望めるほどの広大な別府湾から浮かび上がる日の出を、露天風呂につかりながら味わう。そんな贅沢なひとときを満喫できる別府です。

奥別府の神楽女湖《かぐらめこ》では、六月中旬から七月初旬にかけて約七十種三十万本の花菖蒲が初夏の湖畔を彩ります。期間中には五万人を超える観光客が紫と白の鮮やかな菖蒲の美しさに魅了され、心穏やかな時間を過ごします。

別府八湯の中で最も温泉の情緒が感じられる鉄輪温泉《かんなわおんせん》では、絶え間なく湯けむりが立ち上がり、その風景はまるで訪れる人々を温かくお迎えする歓迎ののろしのようです。

■ 鉄輪の湯けむり

大分県別府市

志高湖《しだかこ》は標高600メートルの位置にあり、「緑と水」が調和した空間を作っています。また湖面を白鳥が泳ぎ、錦鯉が餌を求めて顔を覗かせる姿は楽しく、まさに心のオアシスで、訪れる人々に安らぎを与えてくれます。

■ 志高湖

■ 竹瓦温泉

市内の路地裏を抜けると豪華な唐破風造の木造建築が目にとまります。寺院かと思い覗いてみると桶とタオルを持った人がくつろいでいるではありませんか。なんと別府の市営温泉で、古き良き時代を思わせ落ち着いた気分にさせてくれます。普通浴場だけでなく砂湯も併設しており、観光客の人気スポットです。

自然に包まれた明礬温泉《みょうばんおんせん》は、わらぶきの小屋が建ち並び、古代へタイムスリップした気分にさせられます。小屋の中では青粘土と温泉噴気の作用で天然の薬用入浴剤「湯の花」が作られています。

■ 湯の花小屋

お問い合わせ

〒874-8511　大分県別府市上野口町1-15　別府市役所　農林水産課
TEL 0977-21-1111　FAX 0977-23-0552

夕刻頃

大分県庄内町《しょうないちょう》阿《あ》南《なん》

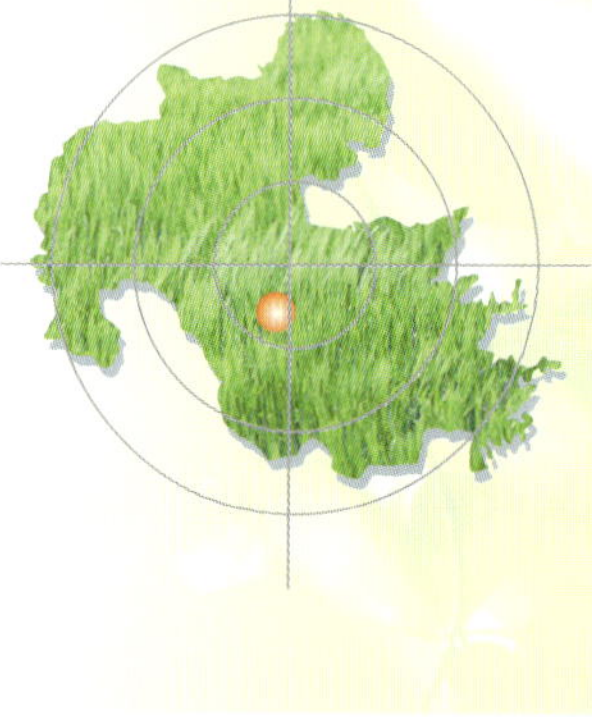

撮影：中津留　金次郎

庄内町に豊かな恵みをもたらしてくれる、湯布院に源を発する大分川。これに小挟間川《おばさまがわ》、阿蘇野川《あそのがわ》、芹川《せりかわ》が合流することによって、河岸段丘的な景観と棚田が形成されました。

この写真は、田植えの準備を急ぐ日の夕暮れ、あちこちで枯れ草を集め燃やしている風景ですが、あたかも家々から立ち上る竈《かまど》の煙にも見え、昔の懐かしい景色を彷彿とさせてくれます。

■ 男池

■ 熊群神社

熊群山《くまむれさん》の頂上にある熊群神社は元永三年（一一二〇年）の創建といわれる古社で、鬼がつくった百の石段の伝説で有名です。また、熊群森林公園ではエビネを楽しむことができます。

黒岳は優れた自然林の筆頭にあがるほどの森林で、二十一世紀に残すべき自然として日本の自然百選にも選ばれています。最も自然な状態で全山が樹林に覆われているため、九重山群の中で唯一の原生林と呼ばれています。春から夏にかけては鮮やかな緑に包まれ、秋は見事な錦に染まります。貴重な植物や国の特別天然記念物の生息も確認されており、野鳥たちにとっても貴重な生息地となっています。

その黒岳の麓から湧き出る海抜八百五十メートルの男池とその周辺は原生林が生い茂るすばらしい自然環境を保っており、水くみや自然観察に県内外から多くの観光客が訪れます。黒岳から生まれるミネラル豊富な男池の水は、日本の名水百選、水源の森百選にも選ばれています。

■ 黒岳

大分県庄内町

■ 庄内イチゴ「とよのか」の収穫

庄内町は農業が中心ですが、過疎化・高齢化に伴う土地利用の衰退によって荒廃地が増大しています。このことから、農業の健全な発展を図るため、土地基盤整備をはじめ用排水施設の整備、農免農道等の新設改良事業を進めています。また、農地の集団化を図るなど稲作を中心とした集落営農を推進するとともに、所得率の高い庄内イチゴ「とよのか」や100年近い歴史をもつ梨の増産を目指し施設栽培に取り組んでいます。

■ 歴史ある梨の生産

■ 庄内神楽

勇壮に、ときにはユーモラスに舞う庄内神楽。毎年11月に開催される庄内神楽まつりをはじめ、12の神楽座の定期公演が、交代で総合運動公園の神楽殿で4月から10月の第3土曜日に行われています。

お問い合わせ　〒879-5498　大分県大分郡庄内町大字柿原302番地　庄内町役場　農林課

TEL 097-582-1111　FAX 097-582-3971

さぁ・みんなで作った実りの秋・頑張ろう！

大分県上津江村《かみつえむら》幸又《こうまた》

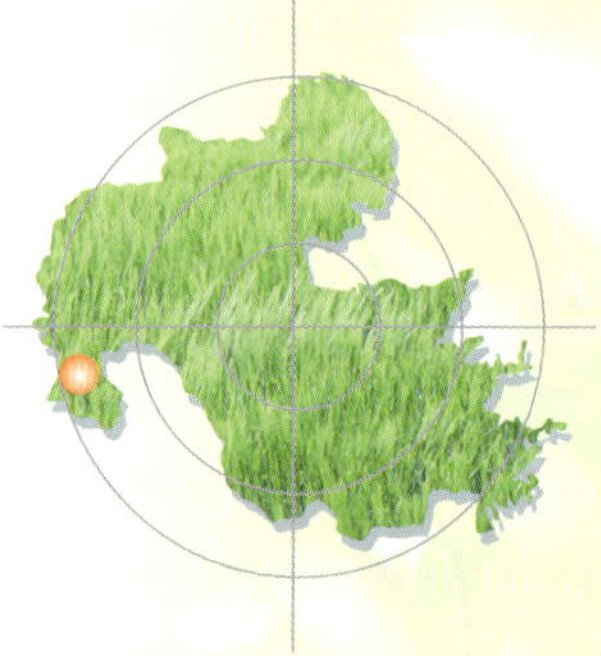

撮影：川津　京一

　上津江村を含む津江地方は、日本五大美林として名高い日田杉《ひたすぎ》（津江杉《つえすぎ》）の産地で、幕府直轄の天領地時代の古くから杉、桧《ひのき》が生産されてきました。

　下流域の都市を豊かな水で潤している健全な森林と耕地が、この地域の豊かな自然環境を支え、農山村の文化を育んでいます。

　この風景は、小学校子供会と地域の人々による山あいの休耕田で行われている体験学習の様子ですが、その耕作によって保水機能の向上や環境と景観の保全・形成が図られています。

■ 天然のわさび畑

■ トルコキキョウの手入れ作業

大規模農用地開発で整備されたビニールハウスでは、周年にわたり新規就農者をはじめとする生産者が、作物を大切に育てています。なかでもトルコキキョウはその花の可憐さと日持ちの良さから人気が高く、生産に一段と力が入っています。

古くから林業を生業とする上津江村。天空へとまっすぐにそびえる日田杉（吉野杉原種展示林）の林がゆっくりと朝の日差しに包まれると、村の一日が始まります。整備された森は雨水を保水し、きれいな清流を生み、その水は下流域のほ場や生活水として役立っています。

清流に加え平均十四度の涼しい木陰と適度な湿度という大切な生育条件も揃っています。特に美しい清流でなければ育たない天然のわさびもその一つで、春になると真っ白な花が咲き、旬を迎えます。

■ 吉野杉原種展示林

大分県上津江村

豆生野《まめせいの》地区《ちく》に明治中頃より伝わる神楽で、祭りや祝い事に舞われてきた豆生野神楽は時とともに伝統を受け継ぐ人が少なくなっています。この伝統を大切に保存していこうと、地域の人々が中心になって小学生を含む保存会を結成し、今も舞い続けています。

■ 豆生野神楽

■ 森を守るプロ集団（第三セクター）

■ 水耕栽培の水穫風景

村では、新規就農者には水耕栽培のサラダ菜をすすめるなど、農業の構造を大きく改善し、合理的に栽培規模の拡大を目指しています。

森の育成にも積極的に取り組んでいます。杉や桧は放置すると大変です。森を守るプロたちは、必要に応じて計画的に木を伐採し、植林、下刈、加工といった一連の作業から、ムダのない木質資源のサイクルを実施しています。

お問い合わせ　〒877-0393　大分県日田郡上津江村大字川原2710　上津江村役場　農林土木課
TEL 0973-55-2011　FAX 0973-55-2305

北浦茶の里

宮崎県北浦町《きたうらちょう》地下《じげ》

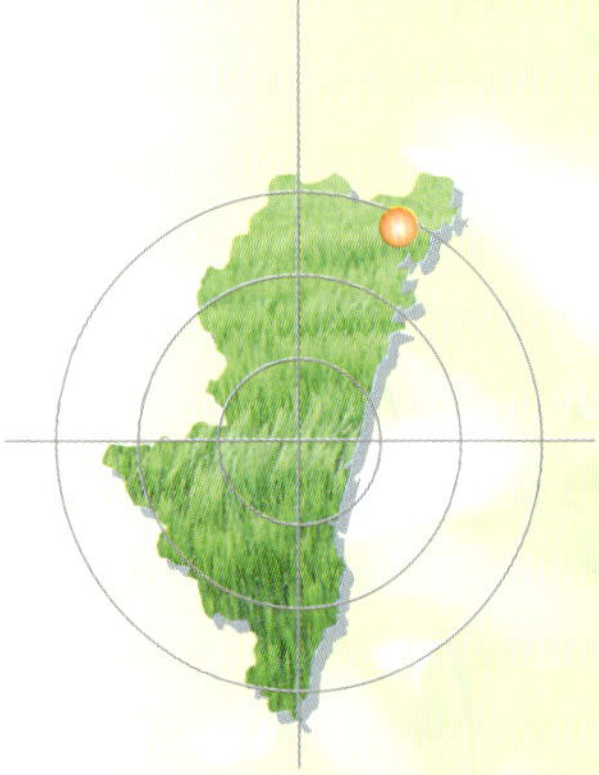

自然に恵まれた北浦町の中山間地の傾斜地では、冷涼な気候を利用して良質なお茶の栽培が盛んです。現在では五戸の農家によって十一ヘクタールの個人経営がなされており、県内でも露地早出し茶の産地として高い評価を得ています。

北浦町では、耕作農地の放棄を防ぐため農業公社を設立し、高齢者農家や零細農家から農作業を受託し、農業生産の維持向上、農地流動化による農地の有効利用等を図っています。また、農業公社からの派遣社員により、町営の茶工場も運営しています。

開墾された茶畑の風景は、農地の少ない北浦町において一生懸命にお茶の生産に取り組んでいる農家の意気込みが感じられるとともに、地域の農業を発展させながら環境を守っていこうという人々の息吹が伝わってくるようです。

■ 下阿蘇海岸

■ 椎茸栽培

美しい自慢の白砂が広がる下阿蘇海岸。日豊海岸国定公園に指定され、遠く行き交う船をながめ、沖の小島を見渡せる絶好のポイントです。時間帯によって海の色が鮮やかに変わり、その美しさに誰もが時間を忘れ立ち尽くすことでしょう。

海ばかりでなく、山も魅力のひとつです。町のほぼ中央部を東西に横断する山脈によって海岸部と山間部に分けられ、海から山道に入るとそこは自然の宝庫。春には国道沿いの桜並木が目を楽しませてくれます。

北浦の森林資源を活用した椎茸栽培は、異品種導入で周年栽培が可能となり、年間を通じて出荷できるようなり、基幹作目として重要な役割を果たしています。

■ 全景　桜と町

宮崎県北浦町

北浦町は複雑な還流域のためイワシ、アジ、サバなどの漁業資源に恵まれ、宮崎県の中でも有数の良港をもつ漁業が盛んな町です。日向灘は太平洋沿岸で黒潮が最初に接岸する海域で、速い潮の流れの中を回遊するマアジを漁獲し、生簀の中で蓄養する取組みを行っています。こうして出荷される「北浦灘アジ」は、より美味しいマアジとなって消費者の元に届けられます。

■ 魚の水揚

■ 茶つみ

水産業ばかりでなく、少ない耕地面積を最大限に活かした農業が行われています。栽培が盛んなお茶は、県内で一番早く出回る露地茶として銘柄を確立しようと、町が煎茶工場を設置し、農家の経営安定を図っています。丘陵地に見事に作付けされた茶園は、新茶の時期になると見事な風景を見せてくれます。

下阿蘇海岸に隣接し、水着のままで楽しめる浜木綿村《はまゆうむら》ケビン。オートキャンプ場として町内外からたくさんの人で賑い、その設備のよさにリピーターも多いとか。もちろん美しい海も自慢です。

■ 浜木綿村ケビン

お問い合わせ　〒889-0392　宮崎県東臼杵郡北浦町大字古江1930番地　北浦町役場　水産農林課
TEL 0982-45-4236　FAX 0982-45-3065

五穀豊穣を祈る（伊作田《いざくだ》踊り）

鹿児島県東市来町《ひがしいちきちょう》伊作田《いざくだ》

撮影：重水　秋則

伊作田踊りは、南北朝時代に城攻めに失敗して捕われ、悲運の最期を遂げた伊作田城主、伊作田道材の霊をしのぶ踊りが起源とされています。この踊りはまた、虫追い、五穀豊穣をも祈るものともされ、伊作田地域の住民でつくる伊作田協議会が保存に努めています。

三年に一回披露されるこの踊りは、伊作田道材とその家族に扮するかね役を中心に小太鼓、なぎなた、鉄砲など小学生から青壮年まで約六十人の踊り手で構成され、厳しい暑さの中、哀愁を帯びた曲に合わせて踊りを披露します。

■ 江口蓬莱

■ 美山窯元祭り

鹿児島県薩摩半島の西部に位置する吹上浜は、日本三大砂丘のひとつとして知られ、美しい松林と砂丘が五十キロメートル近くにわたって続いています。その海岸線は、江口蓬莱《えぐちほうらい》を代表とする県立吹上浜自然公園として指定されており、春は潮干狩り、夏はキス釣り、そして年間を通してサーフィンのメッカともなっています。

また、夕陽が沈む浜としても知られ、落陽のシーンは心に安らぎを与え、自然の神秘を感じさせてくれます。

その吹上浜の北部に位置する東市来町では、昭和六十一年にパロディー国・湯《ゆ》～陶《と》ぴあ「こけけ王国」を建国し、サンドアートフェスティバル、ふるさと港祭り、美山窯元祭り、高山ふるさと秋祭りなどのイベントを創生するなど、四季を通じて町は活気にあふれています。

■ 江口海岸からの夕日

鹿児島県東市来町

■ 美山陶遊館

東市来町は、400年の歴史を誇る薩摩焼の県下最大の生産地です。美山陶遊館は、美山薩摩焼の里整備計画の一環としてオープンしたもので、体験型レクリエーション施設として、また観光情報発信基地として、火と土と伝統に生きる陶郷美山を伝えています。

また、湯之元温泉では、44ヵ所の温泉から単純硫黄泉、単純温泉で無色透明の温泉が湧出し、旅の疲れを癒してくれるほか、プロ、実業団等野球のキャンプ地としても知られています。

■ 湯之元温泉

■ 稲刈り風景

こけけ王国では、さまざまなイベントのほかにも、1年を通じて農村での田植えやサツマイモの植付けなど多くの体験ができ、イチゴ狩り、ぶどう狩り、みかん狩りなどと組み合わせて楽しく過ごすことができます。

お問い合わせ

〒899-2292　鹿児島県日置郡東市来町長里87-1　東市来町役場　農林水産課
TEL 099-274-2111　FAX 099-274-4079

お乳搾りに行かなきゃね！

鹿児島県南種子町《みなみたねちょう》西之地区《にしのちく》

撮影：河東　昭寛

南種子町は、鹿児島県本土の沖、鉄砲伝来とロケットの島として知られる種子島の南部に位置しています。基幹産業は農業で、温暖な気候を活かしてサトウキビ、早期水稲、甘しょを中心に、たばこ、花き、野菜、畜産等の土地利用型複合経営が主体で、特に日本一早い自主流通米を出荷する早期水稲の産地として有名です。

西之地区は、一部に水田地帯もありますが、畑作地帯が多く、さとうきび、甘しょが基幹作物で、畜産などとの複合経営が行われています。また、花いっぱい運動を通じて、地区の環境美化にも取り組んでいます。

写真は、西之地区ののんびりとした牧歌的な雰囲気を伝えてくれています。

■ H-IIロケット実物大模型

■ 竹崎海水浴場

南種子町は、大隅諸島のひとつ種子島の南端にあり、温暖な青い空と澄んだコバルトブルーの海、豊かな自然に取り囲まれた人情豊かなところです。

また、一五四三年、明の船が漂着し、乗っていたポルトガル人によって鉄砲が伝えられたという、鉄砲伝来の地としての歴史的な由来をもっています。現在は、日本の科学技術の粋を集めた種子島宇宙センターがあることもあって、歴史と未来が共存している町です。

■ 南種子町七景のひとつ〜門倉岬からの展望〜

鹿児島県南種子町

海と緑に囲まれた種子島宇宙センターは、世界の中でも美しい宇宙基地といわれており、カーモリの峰はその代表的な景色となっています。

町では、日本一早い新米コシヒカリの出荷やタンカンの栽培など、その温暖な気候と恵まれた農地を活かした農業が中心になっています。

■ カーモリの峰

■ 鉄砲伝来

■ タンカンの収穫

お問い合わせ　〒891-3792　鹿児島県熊毛郡南種子町中之上2793-1　南種子町役場　農林水産課
TEL 0997-26-1111　FAX 0997-26-0708

第1回 美しい日本のむら景観コンテスト受賞市町村一覧

農林水産大臣賞

府県名	市町村（集落）名
福島県	下郷町［しもごうまち］（大内）
山形県	飯豊町［いいでまち］（豊原）
千葉県	大原町［おおはらまち］
富山県	利賀村［とがむら］（中村）
京都府	美山町［みやまちょう］（北）

全国農業協同組合中央会長賞

府県名	市町村（集落）名
長野県	東部町［とうぶまち］（海野宿）
京都府	亀岡市［かめおかし］（南金岐）
福岡県	朝倉町［あさくらまち］

全国土地改良事業団体連合会長賞

県名	市町村（集落）名
福島県	舘岩村［たていわむら］（前沢）
熊本県	菊鹿町［きくかまち］（深瀬）
鹿児島県	祁答院町［けどういんちょう］（麓西）

全国森林組合連合会長賞

県名	市町村（集落）名
山梨県	早川町［はやかわちょう］（赤沢）
兵庫県	加美町［かみちょう］（鳥羽）
佐賀県	武雄市［たけおし］（武雄）

全国漁業協同組合連合会長賞

県名	市町村（集落）名
新潟県	相川町［あいかわまち］（二見）
岡山県	日生町［ひなせちょう］
香川県	丸亀市［まるがめし］（笠島）

むらづくり対策推進本部長賞

県名	市町村（集落）名
青森県	佐井村［さいむら］（大佐井）
宮城県	一迫町［いちはさまちょう］（長崎）
群馬県	川場村［かわばむら］（湯原）
新潟県	山古志村［やまこしむら］（楢木）
富山県	福野町［ふくのまち］
三重県	上野市［うえのし］（羽根）
兵庫県	佐用町［さようちょう］（平福）
島根県	石見町［いわみちょう］（矢上）
佐賀県	七山村［ななやまむら］（蟹川）
宮崎県	西郷村［さいごうそん］（峰）

第2回 美しい日本のむら景観コンテスト受賞市町村一覧

農林水産大臣賞

県名	市町村（集落）名
岩手県	胆沢町［いさわちょう］
千葉県	栗源町［くりもとまち］
富山県	平村［たいらむら］（相倉）
三重県	鳥羽市［とばし］（菅島）
大分県	佐賀関町［さがのせきまち］

全国農業協同組合中央会長賞

道県名	市町村（集落）名
北海道	北竜町［ほくりゅうちょう］
長野県	南木曽町［なぎそまち］（田立）
兵庫県	上月町［こうづきちょう］（下秋里）

全国土地改良事業団体連合会長賞

県名	市町村（集落）名
新潟県	津南町［つなんまち］（秋成）
静岡県	焼津市［やいづし］（花沢）
広島県	千代田町［ちよだちょう］（壬生）

全国森林組合連合会長賞

県名	市町村（集落）名
秋田県	羽後町［うごまち］
静岡県	水窪町［みさくぼちょう］（池の平）
岡山県	奥津町［おくつちょう］（羽出）

全国漁業協同組合連合会長賞

県名	市町村（集落）名
愛媛県	西条市［さいじょうし］
島根県	都万村［つまむら］（釜屋）
長崎県	厳原町［いづはらまち］

むらづくり対策推進本部長賞

県名	市町村（集落）名
群馬県	榛名町［はるなまち］（榛名山）
新潟県	両津市［りょうつし］（北鵜島）
兵庫県	南光町［なんこうちょう］（林崎）
岡山県	総社市［そうじゃし］（高間）
岡山県	寄島町［よりしまちょう］
愛媛県	内子町［うちこちょう］（満穂）
香川県	山本町［やまもとちょう］（長野）
佐賀県	玄海町［げんかいちょう］（浜野浦）
長崎県	勝本町［かつもとちょう］（本宮西触等）
沖縄県	糸満市［いとまんし］（糸満）

第3回 美しい日本のむら景観コンテスト受賞市町村一覧

農林水産大臣賞

県名	市町村（集落）名
秋田県	金浦町「このうらまち」
千葉県	市原市「いちはらし」
愛媛県	西海町「にしうみちょう」（外泊）
福岡県	星野村「ほしのむら」（上原）
長崎県	東彼杵町「ひがしそのぎちょう」（赤坊）

全国農業協同組合中央会長賞

県名	市町村（集落）名
埼玉県	吉田町「よしだまち」（沢戸）
長野県	飯山市「いいやまし」（瑞穂）
佐賀県	大和町「やまとちょう」（名尾）

全国土地改良事業団体連合会長賞

県名	市町村（集落）名
新潟県	安塚町「やすづかまち」（牧野）
新潟県	松之山町「まつのやままち」（中立山）
鹿児島県	知覧町「ちらんちょう」（東垂水・西垂水）

全国森林組合連合会長賞

県名	市町村（集落）名
新潟県	赤泊村「あかどまりむら」（徳和浜）
山口県	新南陽市「しんなんようし」（和田）
宮崎県	日之影町「ひのかげちょう」（七折）

全国漁業協同組合連合会長賞

県名	市町村（集落）名
静岡県	沼津市「ぬまづし」（大瀬崎）
岡山県	岡山市「おかやまし」（西大寺）
長崎県	上対馬町「かみつしまちょう」（鰐浦）

むらづくり対策推進本部長賞

県名	市町村（集落）名
青森県	車力村「しゃりきむら」
山形県	上山市「かみのやまし」（楢下）
長野県	開田村「かいだむら」（西野）
愛知県	鳳来町「ほうらいちょう」（四谷）
三重県	紀和町「きわちょう」（丸山）
兵庫県	家島町「いえしまちょう」（家島）
和歌山県	桃山町「ももやまちょう」
和歌山県	那智勝浦町「なちかつうらちょう」（色川）
岡山県	鏡野町「かがみのちょう」（越畑）
佐賀県	嬉野町「うれしのまち」（上不動）

第4回 美しい日本のむら景観コンテスト受賞市町村一覧

農林水産大臣賞

県名	市町村（集落）名
青森県	横浜町「よこはままち」
宮城県	津山町「つやまちょう」（横山）
福井県	宮崎村「みやざきむら」
静岡県	由比長「ゆいちょう」
和歌山県	清水町「しみずちょう」（清水）

全国農業協同組合中央会長賞

県名	市町村（集落）名
秋田県	西木村「にしきむら」（上檜木内）
新潟県	松之山町「まつのやままち」（水梨）
熊本県	旭志村「きょくしむら」

全国土地改良事業団体連合会長賞

府県名	市町村（集落）名
三重県	長島町「ながしまちょう」（西川）
京都府	和束町「わづかちょう」（白栖）
宮崎県	木城町「きじょうちょう」（岩渕）

全国森林組合連合会長賞

府県名	市町村（集落）名
新潟県	赤泊村「あかどまりむら」（川茂）
石川県	珠洲市「すずし」（若山町）
大阪府	八尾市「やおし」（神立）

全国漁業協同組合連合会長賞

県名	市町村（集落）名
石川県	門前町「もんぜんまち」（黒島町）
愛媛県	宇和島市「うわじまし」（下波）
熊本県	龍ケ岳町「りゅうがたけまち」（下桶川）

むらづくり対策推進本部長賞

県名	市町村（集落）名
秋田県	東由利町「ひがしゆりまち」（土場沢）
宮城県	牡鹿町「おしかちょう」（鮎川浜）
栃木県	栗山村「くりやまむら」（土呂部）
群馬県	片品村「かたしなむら」（鎌田）
埼玉県	岡部町「おかべまち」（岡）
山梨県	一宮町「いちのみやちょう」
長野県	大桑村「おおくわむら」（長野）
岡山県	勝山町「かつやまちょう」（菅谷）
香川県	綾上町「あやかみちょう」（山田）
高知県	十和村「とおわそん」

第5回 美しい日本のむら景観コンテスト受賞市町村一覧

農林水産大臣賞

県名	市町村（集落）名
青森県	大間町［おおまち］（大間）
新潟県	川西町［かわにしまち］（小白倉）
和歌山県	北山村［きたやまむら］
愛媛県	城川町［しろかわちょう］（土居）
長崎県	南有馬町［みなみありまちょう］（谷水）

全国農業協同組合中央会長賞

県名	市町村（集落）名
宮城県	川崎町［かわさきまち］（支倉）
富山県	福光町［ふくみつまち］（吉江）
熊本県	矢部町［やべまち］（菅）

全国土地改良事業団体連合会長賞

県名	市町村（集落）名
山形県	白鷹町［しらたかまち］（西高玉）
新潟県	松之山町［まつのやままち］（小谷）
島根県	東出雲町［ひがしいずもちょう］（畑）

全国森林組合連合会長賞

県名	市町村（集落）名
栃木県	宇都宮市［うつのみやし］（国本）
新潟県	能生町［のうまち］（能生）
愛媛県	明浜町［あけはまちょう］（渡江）

全国漁業協同組合連合会長賞

県名	市町村（集落）名
茨城県	玉造町［たまつくりまち］
新潟県	赤泊村［あかどまりむら］（腰細）
福井県	美浜町［みはまちょう］（日向）

むらづくり対策推進本部長賞

県名	市町村（集落）名
青森県	鰺ケ沢町［あじがさわまち］（赤石）
秋田県	湯沢市［ゆざわし］（岩崎）
栃木県	今市市［いまいちし］（小林）
新潟県	小千谷市［おぢやし］（北山）
新潟県	畑野町［はたのまち］（松ヶ崎）
兵庫県	南光町［なんこうちょう］（上三河）
岡山県	邑久町［おくちょう］（虫明）
愛媛県	中島町［なかじまちょう］（上怒和）
佐賀県	富士町［ふじちょう］（市川）
鹿児島県	山川町［やまがわちょう］（福元）

第6回 美しい日本のむら景観コンテスト受賞市町村一覧

農林水産大臣賞

道県名	市町村（集落）名
北海道	奥尻町［おくしりちょう］（青苗）
群馬県	甘楽町［かんらまち］（秋畑那須）
新潟県	豊栄市［とよさかし］（福島潟）
長野県	上田市［うえだし］（塩田）
広島県	倉橋町［くらはしちょう］（鹿島）

全国農業協同組合中央会長賞

県名	市町村（集落）名
群馬県	上野村［うえのむら］（乙父）
新潟県	笹神村［ささかみむら］（村岡）
富山県	砺波市［となみし］

全国土地改良事業団体連合会長賞

県名	市町村（集落）名
栃木県	茂木町［もてぎまち］（大瀬）
富山県	滑川市［なめりかわし］（中村）
滋賀県	近江八幡市［おうみはちまんし］（北之庄）

全国森林組合連合会長賞

県名	市町村（集落）名
新潟県	巻町［まきまち］（伏部）
石川県	白峰村［しらみねむら］（白峰・桑島）
宮崎県	諸塚村［もろつかそん］

全国漁業協同組合連合会長賞

県名	市町村（集落）名
新潟県	両津市［りょうつし］
福井県	三方町［みかたちょう］（北庄）
愛知県	蒲郡市［がまごおりし］（三谷）

むらづくり対策推進本部長賞

道県名	市町村（集落）名
北海道	積丹町［しゃこたんちょう］（美国）
青森県	西目屋村［にしめやむら］（田代）
秋田県	西木村［にしきむら］（八津・鎌足）
山形県	鶴岡市［つるおかし］（田川）
福島県	梁川町［やながわまち］（五十沢）
福島県	会津高田町［あいづたかだまち］
新潟県	村上市［むらかみし］（岩船）
奈良県	吉野町［よしのちょう］（吉野山）
奈良県	川上村［かわかみむら］（下多古）
島根県	西ノ島町［にしのしまちょう］（美田・浦郷）

第7回 美しい日本のむら景観コンテスト受賞市町村一覧

農林水産大臣賞

県名	市町村（集落）名
青森県	木造町［きづくりまち］
福島県	下郷町［しもごうまち］（落合）
福島県	只見町［ただみまち］（大倉）
新潟県	相川町［あいかわまち］（大倉）
岐阜県	岩村町［いわむらちょう］（富田）

全国農業協同組合中央会長賞

県名	市町村（集落）名
神奈川県	開成町［かいせいまち］
長野県	山口村［やまぐちむら］（山口）
島根県	石見町［いわみちょう］（鹿子原）

全国土地改良事業団体連合会長賞

県名	市町村（集落）名
秋田県	河辺町［かわべまち］（鵜養）
岩手県	千厩町［せんまやちょう］（小梨）
群馬県	下仁田町［しもにたまち］（青倉）

全国森林組合連合会長賞

道県名	市町村（集落）名
北海道	根室市［ねむろし］
熊本県	矢部町［やべまち］（白糸）
熊本県	泉村［いずみむら］（樅木）

全国漁業協同組合連合会長賞

県名	市町村（集落）名
広島県	呉市［くれし］（阿賀）
山口県	上関町［かみのせきちょう］（祝島）
鹿児島県	垂水市［たるみずし］

むらづくり対策推進本部長賞

道府県名	市町村（集落）名
北海道	別海町［べつかいちょう］（尾岱沼）
新潟県	赤泊村［あかどまりむら］（赤泊）
新潟県	能生町［のうまち］（高倉）
埼玉県	神泉村［かみいずみむら］（宇那室）
長野県	南木曽町［なぎそまち］（吾妻）
愛媛県	城川町［しろかわちょう］（田穂・魚成）
京都府	丹後町［たんごちょう］（袖志）
京都府	京北町［けいほくちょう］
福岡県	浮羽町［うきはまち］（葛籠）
佐賀県	小城町［おぎまち］（江里山）

第8回 美しい日本のむら景観コンテスト受賞市町村一覧

農林水産大臣賞

道県名	市町村（集落）名
北海道	江差町［えさしちょう］
新潟県	高柳町［たかやなぎまち］（荻ノ島）
富山県	山田村［やまだむら］（宿坊）
長野県	松本市［まつもとし］（島立）
徳島県	木頭村［きとうそん］（蝉谷）

全国農業協同組合中央会長賞

県名	市町村（集落）名
山形県	酒田市［さかたし］（城輪）
三重県	御浜町［みはまちょう］（尾呂志）
宮崎県	日之影町［ひのかげちょう］（戸川）

全国土地改良事業団体連合会長賞

県名	市町村（集落）名
山形県	舟形町［ふながたまち］（一の関）
和歌山県	かつらぎ町［かつらぎちょう］（広口・滝・東谷・平）
島根県	斐川町［ひかわちょう］

全国森林組合連合会長賞

県名	市町村（集落）名
青森県	新郷村［しんごうむら］（西越）
愛知県	足助町［あすけちょう］
岡山県	英田町［あいだちょう］（上山）

全国漁業協同組合連合会長賞

県名	市町村（集落）名
三重県	志摩町［しまちょう］（和具）
熊本県	牛深市［うしぶかし］
鹿児島県	東町［あづまちょう］

むらづくり対策推進本部長賞

県名	市町村（集落）名
秋田県	八森町［はちもりまち］
岩手県	三陸町［さんりくちょう］（綾里）
山形県	寒河江市［さがえし］（平塩）
石川県	松任市［まっとうし］（横江町）
千葉県	和田町［わだまち］（和田浦）
静岡県	中伊豆町［なかいずちょう］（筏場・地蔵堂）
福岡県	夜須町［やすまち］（松延）
大分県	久住町［くじゅうまち］
宮崎県	えびの市［えびのし］（西長江浦）
宮崎県	高千穂町［たかちほちょう］（丸小野）

第9回 美しい日本のむら景観コンテスト受賞市町村一覧

農林水産大臣賞

県名	市町村（集落）名
青森県	弘前市〔ひろさきし〕（鬼沢）
宮城県	小野田町〔おのだまち〕（薬莱）
山形県	酒田市〔さかたし〕（飛島）
福島県	只見町〔ただみまち〕（布沢）
三重県	美杉村〔みすぎむら〕（三多気）

全国農業協同組合中央会長賞

県名	市町村（集落）名
山形県	河北町〔かほくちょう〕（沢畑）
富山県	氷見市〔ひみし〕（長坂）
兵庫県	上月町〔こうづきちょう〕（目高）

全国土地改良事業団体連合会長賞

県名	市町村（集落）名
神奈川県	三浦市〔みうらし〕（宮川）
福岡県	杷木町〔はきまち〕（穂坂・大山）
長崎県	川棚町〔かわたなちょう〕（日向）

全国森林組合連合会長賞

県名	市町村（集落）名
山梨県	小菅村〔こすげむら〕
新潟県	松之山町〔まつのやままち〕（天水越）
徳島県	一宇村〔いちうそん〕（漆日浦）

全国漁業協同組合連合会長賞

道県名	市町村（集落）名
北海道	釧路町〔くしろちょう〕（老者舞）
静岡県	戸田村〔へだむら〕（戸田）
山口県	徳山市〔とくやまし〕（粭島）

むらづくり対策推進本部長賞

道府県名	市町村（集落）名
北海道	置戸町〔おけとちょう〕
青森県	深浦町〔ふかうらまち〕（舮作）
山形県	白鷹町〔しらたかまち〕（鷹山）
富山県	庄川町〔しょうがわまち〕（落シ）
愛知県	吉良町〔きらちょう〕（津平）
京都府	伊根町〔いねちょう〕（新井）
島根県	都万村〔つまむら〕（蛸木）
佐賀県	北茂安町〔きたしげやすちょう〕（千栗）
大分県	院内町〔いんないまち〕（余谷地区）
宮崎県	高千穂町〔たかちほちょう〕（尾谷）

第10回 美しい日本のむら景観コンテスト受賞市町村一覧

農林水産大臣賞

道県名	市町村（集落）名
北海道	斜里町〔しゃりちょう〕
山形県	小国町〔おぐにまち〕（小玉川）
愛知県	吉良町〔きらちょう〕（吉田）
愛知県	一色町〔いっしきちょう〕（一色）
三重県	名張市〔なばりし〕（布生）

全国農業協同組合中央会長賞

道県名	市町村（集落）名
北海道	芽室町〔めむろちょう〕
静岡県	戸田村〔へだむら〕（井田）
宮崎県	南郷村〔なんごうそん〕

全国土地改良事業団体連合会長賞

県名	市町村（集落）名
石川県	金沢市〔かなざわし〕（倉ヶ嶽）
長野県	辰野町〔たつのまち〕（川島）
島根県	柿木村〔かきのきむら〕（大井谷）

全国森林組合連合会長賞

県名	市町村（集落）名
福島県	下郷町〔しもごうまち〕（戸赤）
福岡県	上陽町〔じょうようまち〕（北川内）
大分県	安岐町〔あきまち〕（両子）

全国漁業協同組合連合会長賞

県名	市町村（集落）名
新潟県	柏崎市〔かしわざきし〕（荒浜）
富山県	新湊市〔しんみなとし〕
山口県	萩市〔はぎし〕（越ヶ浜）

むらづくり対策推進本部長賞

府県名	市町村（集落）名
青森県	横浜町〔よこはままち〕（吹越）
青森県	弘前市〔ひろさきし〕（悪戸）
新潟県	栃尾市〔とちおし〕（下来伝）
新潟県	上越市〔じょうえつし〕（中ノ俣）
長野県	飯田市〔いいだし〕（千代）
京都府	加茂町〔かもちょう〕（瓶原）
福岡県	田主丸町〔たぬしまるまち〕（水縄校区）
佐賀県	太良町〔たらちょう〕（蕪田）
長崎県	多良見町〔たらみちょう〕（伊木力）
鹿児島県	指宿市〔いぶすきし〕（池田）

「第11回美しい日本のむら景観コンテスト」受賞市町村一覧

農林水産大臣賞

県名	市町村（集落）名	題名
三重県	美里村「みさとむら」（桂畑「かつらはた」）	緑の風の詩が聞こえる里・桂畑
和歌山県	清水町「しみずちょう」（杉野原「すぎのはら」）	年豊を祈る―杉野原の御田舞―
島根県	美保関町「みほのせきちょう」（片江「かたえ」）	墨つけトンド
大分県	上津江村「かみつえむら」（幸又「こうまた」）	さぁ・みんなで作った実りの秋・頑張ろう！
宮崎県	北浦町「きたうらちょう」（地下「じげ」）	北浦茶の里

全国農業協同組合中央会長賞

県名	市町村（集落）名	題名
栃木県	那須町「なすまち」（成沢「なるさわ」）	水車のある風景
長崎県	西海町「さいかいちょう」（伊佐ノ浦「いさのうら」）	稲刈りって楽しい！うれしい！
大分県	豊後高田市「ぶんごたかだし」（小崎「おさき」）	生きている中世のムラ

全国土地改良事業団体連合会長賞

県名	市町村（集落）名	題名
新潟県	塩沢町「しおざわまち」（樺野沢「かばのさわ」）	田植え
奈良県	當麻町「たいまちょう」（當麻「たいま」）	初春の梅林と當麻寺双塔
高知県	吾北村「ごほくそん」（上八川柿藪「かみやかわかきやぶ」）	日本一の藪椿「シャクジョウカタシ」

全国森林組合連合会長賞

道県名	市町村（集落）名	題名
北海道	風連町「ふうれんちょう」（西町「にしまち」）	白樺まつり
群馬県	水上町「みなかみちょう」（須田貝「すだがい」）	藤原郷雪景
富山県	平村「たいらむら」（東中江「ひがしなかえ」）	雪の白さへ－楮の雪晒し－

全国漁業協同組合連合会長賞

県名	市町村（集落）名	題名
千葉県	勝浦市「かつうらし」（新官「しんかん」）	初体験！イセエビ漁
静岡県	相良町「さがらちょう」（新庄「しんしょう」）	富士を仰ぐ漁港
山口県	長門市「ながとし」（通「かよい」）	くじら祭り

むらづくり対策推進本部長賞

県名	市町村（集落）名	題名
新潟県	小木町「おぎまち」（白木「しらき」）	冬の凪～さざえ漁に向かうたらい舟
岐阜県	串原村「くしはらむら」	中山神社大祭
静岡県	天竜市「てんりゅうし」（東藤平「ひがしふじだいら」）	天竜美林
兵庫県	太子町「たいしちょう」（原「はら」）	伝統を引き継ぐ〝原のたいまつ〟
香川県	池田町「いけだちょう」（中山「なかやま」）	千枚田 虫送り
広島県	沖美町「おきみちょう」	島の祭り
大分県	別府市「べっぷし」（内成「うちなり」）	蘇る内成棚田
大分県	庄内町「しょうないちょう」（阿南「あなん」）	夕刻頃
鹿児島県	東市来町「ひがしいちきちょう」（伊作田「いざくだ」）	五穀豊穣を祈る（伊作田踊り）
鹿児島県	南種子町「みなみたねちょう」（西之地区「にしのちく」）	お乳搾りに行かなきゃね！

「第11回美しい日本のむら景観コンテスト」受賞市町村一覧

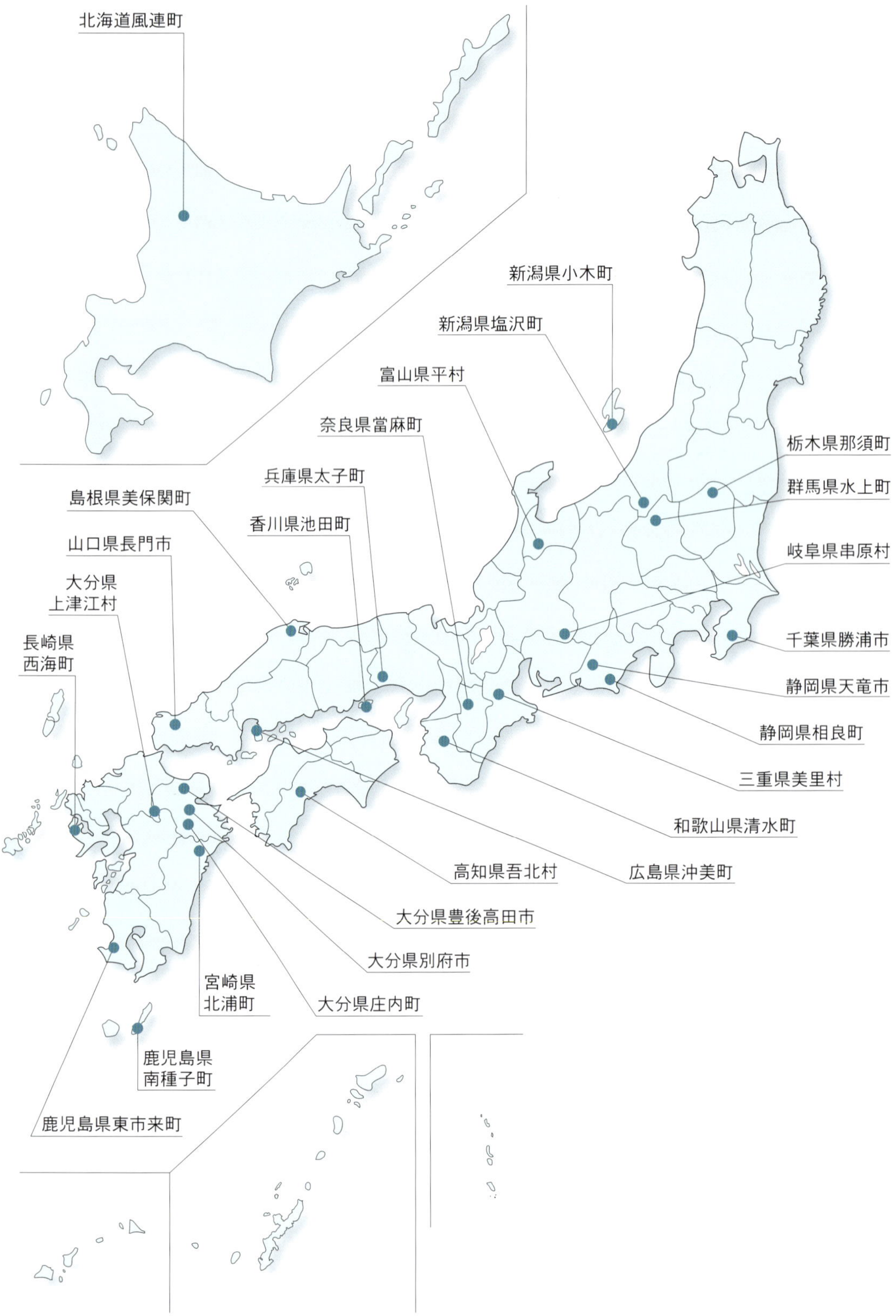